FACAL AIR AN FHACAL

FACAL AIR AN FHACAL

GRAMAR NA GAIDHLIG

Michel Byrne

Roinn na Ceiltis, Oilthigh Ghlaschu

SRG – acair – 2000

*Air fhoillseachadh ann an 2000 le SRG agus Acair Earranta,
7 Sràid Sheumais, Steòrnabhagh, Eilean Leòdhais, HS1 2QN
Fòn 01851–703020   Facs 01851–703294
post-dealain acair@sol.co.uk*

*© Comhairle na Gàidhealtachd
às leth nan ùghdarrasan ionadail
a tha air an riochdachadh air SRG*

Na còraichean uile glèidhte. Chan fhaodar pàirt sam bith den leabhar seo ath-riochdachadh an cruth sam bith, no an dòigh sam bith, gun chead ro-làimh bho Chomhairle na Gàidhealtachd às leth nan ùghdarrasan ionadail a tha air an riochdachadh air SRG agus Acair.

*An teacsa agus an còmhdach deilbhte le Windfall Press.
Clò-bhuailte le Bath Press Ltd.*

LAGE/ISBN 0 86152 286 9

RO-RADH AN LUCHD-DEASACHAIDH

Chaidh an leabhar seo a chur ri chèile air iarrtas SRG — a' bhuidheann tro bheil na h-Ughdarrasan Ionadail a' dèanamh stuth-teagaisg Gàidhlig dha na sgoiltean. 'S e Comhairle na Gàidhealtachd a bha a' ruith a' phroiseact do SRG, fo stiùireadh Dhòmhnall Iain MhicLeòid; air buidheann-stiùiridh a' phroiseact cuideachd bha Dòmhnall Iain MacIomhair (Comhairle nan Eilean Siar) agus Raonaid Nic a' Phearsain (Comhairle Ghlaschu).

As dèidh cuireadh a thoirt do na Roinnean Ceilteach anns na h-oilthighean uile, thug SRG cùmhnant do Roinn Cheiltis Oilthigh Ghlaschu sgrìobhadh a' ghràmair a ghabhail os làimh. Rinneadh seo le Michel Byrne, neach-oideachaidh san Roinn, ag obair fo stiùireadh a' Phrofeasair Cathair Ó Dochartaigh.

Tha an leabhar air fhoillseachadh le SRG agus Acair Earranta agus tha na còraichean glèidhte le Comhairle na Gàidhealtachd às leth nan Ughdarrasan Ionadail a tha air an riochdachadh air SRG.

Chuir SRG am proiseact seo air bhonn air sgàth gun robh luchd-teagaisg, o chionn bhliadhnaichean, air a bhith a' sireadh stiùireadh earbsach air gràmar na Gàidhlig san latha an-diugh. Tha e air iarraidh air na tidsearan sin gràmar – iall 'Eòlas air Cànan' ann an Cànan 5-14, mar eisimpleir – a theagasg agus stiùireadh a thoirt do sgoilearan aig nach eil a' Ghàidhlig mar chainnt mhàthaireil, agus sin ged nach d' fhuair na tidsearan fhèin, mar as trice, mòran oideachadh foirmeil a thaobh gràmar na Gàidhlig.

Tha SRG an dòchas gum bi an leabhar seo gu feum do na tidsearan sin agus do na clasaichean aca. Tha e air a dhèanamh do leughadairean a tha an ìre mhath fileanta sa Ghàidhlig agus, anns na sgoiltean, thathas an dùil gur ann do sgoilearan aig ceann àrd na bunsgoile agus, gu h-àraidh, do sgoilearan àrdsgoile as fheumaile a bhios e.

Bu mhath le SRG taing a thoirt do gach neach a chuidich ann a bhith a' cur a' ghràmair seo ri chèile agus gu h-àraidh do Mhichel Byrne a chaidh cho sgileil ris an deasachadh.

RO-RADH AN SGRÌOBHAICHE

Chaidh an gràmar seo a sgrìobhadh gu seachd sònraichte don òigridh anns an sgoil agus dhan luchd teagaisg - 's e sin do luchd bruidhinn na Gàidhlig, chan ann do luchd ionnsachaidh. Dh'amais sinn, ma-thà, air an cànan a mhìneachadh tro shùilean na Gàidhlig fhèin 's chan ann le iomradh air a' Bheurla. A bharrachd, tha an gràmar a' dèiligeadh ri cànan an latha an-diugh, air stairsnich na mìle-bliadhna ùir, 's chan e Gàidhlig nan linntean a dh'fhalbh.

Bha buaidh aig seo air sgrìobhadh an leabhair ann an dà dhòigh chudromach.

Bha mi glè dheònach, agus taingeil, gràmairean eile a chleachdadh, ach air cho ealanta 's a tha cuid aca 's ann anns a' Bheurla a tha iad uile. Ann a bhith a' feuchainn gun structaran na Gàidhlig a mhìneachadh a rèir slatan tomhais na Beurla (no na Laidinn), ghabh mi an cothrom cùl a chur ri tèarmaichean nach robh iomchaidh no riatanach dhan a' chànain agus nach biodh cuideachail do na sgoilearan. Mheas mi, mar eisimpleir, nach robh am facal *tuiseal* airidh air deò ùr a thoirt dha agus gum biodh am facal cumanta *suidheachadh* na bu shìmplidhe 's na bu shoilleire. Shaoil mi mar an ceudna nach robh *tabhartach* (a' co-fhreagairt ris a' Bheurla *dative*) iomchaidh gus dol-a-mach an ainmeir no an riochdair a chur an cèill. 'S iongantach gun aontaich na h-uile leis na h-atharrachaidhean a rinneadh an seo, agus gun teagamh tha feum air barrachd deasbaid air gràmar na Gàidhlig ann an Gàidhlig – ach cha tig adhartas tro mhàirnealachd, agus ar luchd teagaisg 's ar sgoilearan a' feitheamh. Thathar an dòchas gum bi an obair seo an dà chuid na chuideachadh agus na bhrosnachadh.

A bharrachd air dè na tèarmaichean a b' fheàrr a chleachdadh gus structaran a' chànain a chur an cèill, bha ceist mhòr ann a thaobh dè na modailean a bu chòir dhuinn a chur air aghaidh san leabhar, 's e sin, dè seòrsa Gàidhlig a chainte a bha "ceart" ann an sgrìobhadh. Tha a' Ghàidhlig air a bhith ag atharrachadh gu mòr anns na lethcheud bliadhna a dh'fhalbh, ann an dòigh a tha nàdarra do chànan sam bith, ach cuideachd fo bhuaidh throm do-sheachanta na Beurla. Ann an inntinn mòran de a luchd bruidhinn, tha àite a cheart cho mòr air a thoirt dhan a' Bheurla is a tha dhan a' Ghàidhlig, agus tha buil aig seo air mar a tha an cànan ga bruidhinn. A thaobh gràmair, tha e gu h-àraidh follaiseach ann an dol-a-mach na buidhne ainmearaich (alt, ainmear is buadhair), a tha air a bhith a' fàs nas sìmplidhe, agus gun chomharradh sam bith gu bheil am mùthadh air tighinn gu ceann fhathast. Ann an leithid a shuidheachadh chan e rud furasta a th' ann a bhith a' ràdh dè tha "ceart" is dè tha "ceàrr". Mus tèid a' cheist fhuasgladh, tha feum air proiseact rannsachaidh mòr air feadh na dùthcha a shoilleiricheadh dè tha ga ràdh càite, cuin is cò leis. Bho nach robh saothair mhòr den t-seòrsa seo nar comas, dh'fheuch sinn pàtranan a chur an cèill a bhiodh fìor dhan a' chànan mar a tha i ga bruidhinn is ga sgrìobhadh an-diugh, ach nach biodh ro fhada bho na riaghailtean traidiseanta. Canaidh cuid, is dòcha, gu robh sinn ro dhìleas dha na seann dòighean – mar eisimpleir ann a bhith cumail ris an riochd roimhearach bhoireanta *(air uinneig)* – agus chan iongantach ged a dh'fheumar cuid de na modailean a tha san leabhar atharrachadh an ceann deich bliadhna eile. Gun teagamh, 's ann leis na bliadhnachan a thig fios is gliocas air a' ghnothach, tro thuilleadh rannsachaidh is deasbaid – chan e seo ach toiseach tòiseachaidh.

    Dh'fheuch sinn a bhith mothachail do na diofaran a gheibhear eadar dualchainntean na Gàidhlig, agus gun phrìomh àite a thoirt do thè seach tè. Faodaidh gach tidsear a bhith a' toirt gu aire na cloinne na gnàthsan cainnt a bhuineas do na sgìrean aca fhèin, air nach eil iomradh an seo.

    Bu mhath leam taing mhòr a thoirt dhan Bhuidhinn Eadar-Ughdarrais Airson na Gàidhlig san Ardsgoil, fo stiùireadh Dhòmhnaill Iain MhicLeòid, agus don Ard Ollamh Cathair Ó Dochartaigh (Roinn na Ceiltis, Oilthigh Ghlaschu) airson na thug iad dhomh de dheagh chomhairle is de chuideachadh rè a' phròiseict. Taing a bharrachd dom cho-obraichean anns an Roinn, gu h-àraidh Christine Nic Aonghais agus Mina Nic a' Ghobhainn, agus don Ard Ollamh Dòmhnall Mac Amhlaigh, airson mo chumail ceart len eòlas air a' chànan. Ma chaidh an gràmar seo air iomrall ann an àite sam bith, 's e mi fhìn as coireach.

GRAMAR NA GAIDHLIG
Clàr-Innse

CAIBIDEIL 1

1.1 GRAMAR – DE THA ANN?

1.2 DE SEORSA FACAIL?
1.2.1 An Gnìomhair
1.2.2 An t-Ainmear
1.2.3 An t-Alt
1.2.4 Am Buadhair
1.2.5 An Co-Ghnìomhair
1.2.6 An Roimhear
1.2.7 An Riochdair
1.2.8 An Gnìomh-Ainmear

1.3 AN CLAS

1.4 ATHARRACHAIDHEAN CUMANTA
1.4.1 Sèimheachadh
1.4.2 Caolachadh
1.4.3 *An* gu *Am*

CAIBIDEIL 2
AN T-AINMEAR

2.1 A' BHUIDHEANN AINMEARACH

2.2 GNE
2.2.1 Fireanta no Boireanta?

2.3 SUIDHEACHADH
2.3.1 An Suidheachadh Ainmneach
2.3.2 An Suidheachadh Roimhearach
2.3.3 An Suidheachadh Ceangailte

2.4 AN T-AINMEAR (SINGILTE)
2.4.1 Ainmneach
2.4.2 Roimhearach
2.4.3 Ceangailte
2.4.4 Riochdan Ceangailte: fuaimreag ùr
2.4.5 Riochdan Ceangailte: ainmearan caol
2.4.6 Riochdan Ceangailte: feadhainn shònraichte
2.4.7 Riochdan Ceangailte: ainmearan sònrachaidh (ainmean)
2.4.8 Faclan Gun Riochd Ceangailte

	2.5	**AM BUADHAIR (SINGILTE)**
	2.6	**AN T-ALT (SINGILTE)**
	2.7	**AN T-IOMARRA**
	2.7.1	An t-Ainmear Iomarra
	2.7.2	Am Buadhair Iomarra
	2.7.3	An t-Alt Iomarra
	2.8	**AN T-ALT ANNS A' CHEANGAILTE**
	2.9	**AN SUIDHEACHADH GAIRMEACH**
	2.10	**AN T-ALT PEARSANTA**
	2.10.1	An t-Alt Pearsanta ro Fhuaimreig
	2.10.2	*mo* no *agam*?
	2.10.3	An t-Alt Pearsanta às dèidh Roimheir

CAIBIDEIL 3
AM BUADHAIR

3.1	**DE THA ANN AM BUADHAIR?**
3.2	**AM BUADHAIR FEARTACH**
3.3	**AM BUADHAIR FIOSRACH**
3.4	**BUADHAIREAN FEARTACH RON AINMEAR**
3.5	**AM BUADHAIR FULANGACH**
3.6	**NA CO-BHUADHAIREAN**
3.7	**AM BUADHAIR COIMEASACH**
3.7.1	Riochdan Coimeasach
3.7.2	*as* no *nas*?
3.7.3	'*S e…as…*
3.8	**NA CUNNTAIREAN**
3.8.1	Ardail is Ordail: 1-20
3.8.2	Ardail is Ordail: thairis air 20
3.8.3	Ardail is Ordail: an siostam ficheadach
3.8.4	Na h-Ainmearan Cunntaidh

CAIBIDEIL 4
AN CO-GHNIOMHAIR

| 4.1 | **UINE, MODH, AITE IS EILE** |
| 4.2 | **GLUASAD, LATHAIREACHD IS COMHAIR** |

CAIBIDEIL 5 **AN RIOCHDAIR**	**5.1**	**DE THA ANN AN RIOCHDAIR?**
	5.2	**NA RIOCHDAIREAN PEARSANTA**
	5.3	**NA RIOCHDAIREAN ROIMHEARACH**
	5.4	**IOMSGARADH**
	5.5	**NA RIOCHDAIREAN SONRACHAIDH:** *seo sin siud*
	5.6	**NA RIOCHDAIREAN DAIMHEACH:** *a an na*
	5.6.1	*a*
	5.6.2	*an / am* (le roimhear)
	5.6.3	*na*
CAIBIDEIL 6 **AN ROIMHEAR**	**6.1**	**DE THA ANN AN ROIMHEAR?**
	6.2	**NA ROIMHEARAN SIMPLIDH**
	6.2.1	*A*
	6.2.2	*AIG*
	6.2.3	*AIR*
	6.2.4	*ANN AN* (no *AN*)
	6.2.5	*BHO* (no *O*)
	6.2.6	*DE*
	6.2.7	*DO*
	6.2.8	*FO*
	6.2.9	*GU*
	6.2.10	*LE*
	6.2.11	*MU*
	6.2.12	*RI*
	6.2.13	*RO*
	6.2.14	*TRO*
	6.3	**ROIMHEARAN SIMPLIDH EILE**
	6.4	**NA ROIMHEARAN FILLTE**
	6.4.1	Roimhear Fillte agus Ainmear: *ri taobh a' bhùird*
	6.4.2	Roimhear Fillte Pearsanta: *ri mo thaobh*
	6.5	**GNATHASAN-CAINNTE ROIMHEARACH**

CAIBIDEIL 7
AN GNIOMHAIR

7.1   **RO-RADH:** Dè tha ann an Gnìomhair, Cùisear agus Cuspair?

7.2   **TRATH**

7.3   **SUIDHEACHADH**
7.3.1   An Suidheachadh Bunaiteach
7.3.2   An Suidheachadh Dàimheach
7.3.3   An Suidheachadh Leasaichte

7.4   **AN GNIOMHAIR** *BI*

7.5   **NA GNIOMHAIREAN RIAGHAILTEACH**

7.6   **NA TRATHAN GNATHACH**
7.6.1   An Teachdail / Làthaireach-gnàthach
7.6.2   An Seachad-gnàthach / Cùmhnantach

7.7   **NA GNIOMHAIREAN NEO-RIAGHAILTEACH**

7.8   **AN GNIOMH-AINMEAR**

7.9   **FEUMANNAN A' GHNIOMH-AINMEIR**
7.9.1   Coileanach: *coiseachd*   *èirigh*
7.9.2   Rùnach: *a choiseachd*   *a dh'èirigh*
7.9.3   Buan: *a' coiseachd*   *ag èirigh*

7.10   **GNIOMH-AINMEAR AGUS CUSPAIR**
7.10.1   Coileanach
7.10.2   Rùnach
7.10.3   Buan

7.11   **AN GNIOMH-AINMEAR PEARSANTA**
7.11.1   Coileanach
7.11.2   Rùnach
7.11.3   Buan

7.12   **NA TRATHAN FILLTE**
7.12.1   Buan: *Tha mi a' tighinn.*
7.12.2   Coileanta: *Tha mi air tighinn.*

7.13   **AM MODH FULANGACH**

7.14   **AN GNIOMH FULANGACH LE** *RACH*

7.15 NA RIOCHDAN FULANGACH
7.15.1 Gnìomhairean Riaghailteach
7.15.2 Gnìomhairean Neo-Riaghailteach

7.16 DOIGHEAN EILE AIR GNIOMH FULANGACH A CHUR AN CEILL
7.16.1 Fulangach Coileanta: *tha mi air mo thoirt air falbh*
7.16.2 Fulangach Buan: *tha mi ga mo thoirt air falbh*
7.16.3 Fulangach Comasach: *gabhaidh seo toirt air falbh*
7.16.4 Fulangach Dùileach: *Tha seo ri thoirt air falbh*

7.17 NA RIOCHDAN NEO-PHEARSANTA

7.18 ORDUIGHEAN

7.19 AN GNIOMHAIR *IS / BU*
7.19.1 A' cur cudrom
7.19.2 Ag innse dè tha ann an duine no rud
7.19.3 Ciall àraid le ainmear no buadhair

7.20 DE THA ANN AN DUINE NO RUD (dòigh eile): *tha mi nam...*

7.21 CEISTEAN
7.21.1 *An?* is *Nach?*
7.21.2 Freagairtean
7.21.3 Faclan ceisteach eile
7.21.4 Ceistean Neo-dhìreach

FACAL AIR AN FHACAL

ANNS AN LEABHAR SEO CHI SIBH NA SAMHLAIDHEAN A LEANAS. THA IAD MAR NA PUTAIN AIR CD NO BHIDIO.

SEO AM PUTAN **CLUICH.** THA E A' CIALLACHADH TOISICH AGUS GABH ROMHAD.

SEO AM PUTAN **FUIRICH.** THA E A' CIALLACHADH BEACHDAICH AIR NA THA SGRIOBHTE AN SEO.

SEO AM PUTAN **CUM ORT.** THA E A' CIALLACHADH THEIRIG CHUN ATH DHUILLEIG.

SEO AM PUTAN **STAD.** THA E A' CIALLACHADH STAD AGUS SMAOINICH AIR NA LEUGH THU OIR THA E GLE CHUDROMACH. THA E CUIDEACHD AIG DEIREADH GACH CAIBIDEIL.

CAIBIDEIL 1   GRAMAR NA GAIDHLIG

1.1

GRAMAR - DE THA ANN?

Uair sam bith a bhruidhneas no a sgrìobhas tu, tha thu a' cur faclan ri chèile ann an dòigh a tha an ìre mhath ciallach. Gus seo a dhèanamh (mar as trice gun smaointinn air), tha thu a' cleachdadh riaghailtean **gràmair**. 'S e gràmar an dòigh a tha aig gach cànan faclan a chur ri chèile gus smuaintean a chur an cèill.

Seall air an t-seantans a leanas, mar eisimpleir:

Lisa phlèana a' dh'fhàg Glaschu chiad air.

Ged a tha ciall aig gach facal leis fhèin, chan e seantans ciallach a tha seo, o nach eil na faclan air an cur ri chèile ceart. Seall a-nise:

Dh'fhàg Lisa Glaschu air a' chiad phlèana.

Tha gach facal a-nise san àite cheart, agus tuigidh sinn an seantans gun dragh. 'S e gràmar, gun fhiosta, a tha a' toirt òirnn *dh'fhàg* a chur aig toiseach an t-seantans, *Lisa* a chur dìreach às a dhèidh, no *air* a chur far a bheil e. 'S e gràmar as coireach, a bharrachd, gur e *dh'fhàg* a tha a' fosgladh an t-seantans, seach *fàg*, *fàgaidh* no *fàgail*; no gur e *phlèana* am facal mu dheireadh seach *plèana*. Tha gràmar a' toirt cunntas air, agus a' stiùireadh, an dòigh anns a bheil cànain ga bruidhinn agus ga sgrìobhadh.

Anns an leabhar seo, bidh sinn a' coimhead air na riaghailtean agus na pàtranan a tha daoine a' leantail ann an Gàidhlig gus seantansan a thogail. Gus seo a dhèanamh feumaidh fios a bhith agad air dè **seòrsa** facail a bhios cànain a' cleachdadh, 's dè an obair a tha iad a' dèanamh san t-seantans. San ath earrainn, ma-thà, bheir sinn sùil ghoirid air cuid de na seòrsaichean facail a tha sa chànan, agus an uair sin air cuid de na dòighean as cumanta anns a bheil faclan ag atharrachadh. Dèiligidh na caibideilean eile ris gach seòrsa facail gu mionaideach.

DÈ SEÒRSA FACAIL? 1.2

Seallamaid an toiseach air a' phìos seo:

Làrna-mhàireach ràinig Lisa 's a h-athair Glaschu, agus ghabh iad a' chiad phlèana a-mach dhan a' Ghrèig. Ged a bha am plèana mòr, cha robh e ach leth-làn. Bha bodach beag gu math reamhar na shuidhe ri taobh Lisa, agus anns na ceithir uairean a bha iad a' siubhal, cha do sguir e bhruidhinn. Dh'innis e dhi gun robh e na actair, 's e anabarrach ainmeil air feadh an t-saoghail, agus gun robh pàirt glè chudromach aige ann am film a bha ga dhèanamh an-dràsta air eilean Greugach, 's a thigeadh gu na taighean-dhealbh a dh'aithghearr. Thuirt am bodach rithe cuideachd gun robh Mel Gibson na dheagh charaid dha. Cha do chreid Lisa aon fhacal dheth.

Tha diofar seòrsa fhacal sa phìos seo. Bheir sinn sùil air an fheadhainn as cudromaiche dhiubh.

1.2.1 An Gnìomhair

*Làrna-mhàireach **ràinig** Lisa 's a h-athair Glaschu, agus **ghabh** iad a' chiad phlèana a-mach dhan a' Ghrèig. Ged a **bha** am plèana mòr, **cha robh** e ach leth-làn. **Bha** bodach beag gu math reamhar na shuidhe ri taobh Lisa, agus anns na ceithir uairean a **bha** iad a' siubhal, **cha do sguir** e bhruidhinn. **Dh'innis** e dhi gun **robh** e na actair, 's e anabarrach ainmeil air feadh an t-saoghail, agus gun **robh** pàirt glè chudromach aige ann am film a **bha** ga dhèanamh an-dràsta air eilean Greugach, 's a **thigeadh** gu na taighean-dhealbh a dh'aithghearr. **Thuirt** am bodach rithe cuideachd gun **robh** Mel Gibson na dheagh charaid dha. **Cha do chreid** Lisa aon fhacal dheth.*

Tha an gnìomhair a' cur an cèill gnìomh, 's e sin ag innse dè tha duine no rud ris *(ràinig, ghabh, cha do sguir, dh'innis, thuirt)*, no a' cur an cèill gu bheil duine no rud ann *(bha, robh)*.

Tha an gnìomhair cuideachd a' leigeil fhaicinn cuin a ghabh gnìomh àite – san àm a tha seachad, an-dràsta no san àm a tha ri tighinn. 'S e seo **tràth** a' ghnìomhair. Anns a' phìos a tha seo, mar eisimpleir, tha fhios againn gu bheil an stòiridh air tachairt mu thràth, on a tha na gnìomhairean uile san tràth seachad *(dh'fhàg, thug, bha,* etc.*)*.

Gu math tric, tha an gnìomhair BI *(tha, bha,* etc.*)* air a chleachdadh le gnìomh-ainmear *(m.e. na shuidhe, a' siubhal, ga dhèanamh)*.

1.2.2 An t-Ainmear

*Làrna-mhàireach ràinig **Lisa** 's a h-**athair Glaschu**, agus ghabh iad a' chiad **phlèana** a-mach dhan a' **Ghrèig**. Ged a bha am **plèana** mòr, cha robh e ach leth-làn. Bha **bodach** beag gu math reamhar na shuidhe ri taobh Lisa, agus anns na ceithir **uairean** a bha iad a' siubhal, cha do sguir e bhruidhinn. Dh'innis e dhi gun robh e na **actair**, 's e anabarrach ainmeil air feadh an **t-saoghail**, agus gun robh **pàirt** glè chudromach aige ann am **film** a bha ga dhèanamh an-dràsta air eilean Greugach, 's a thigeadh gu na **taighean-dhealbh** a dh'aithghearr. Thuirt am **bodach** rithe cuideachd gun robh **Mel Gibson** na dheagh **charaid** dha. Cha do chreid Lisa aon **fhacal** dheth.*

'S e ainmear facal a tha na ainm air duine no àite (m.e. *Lisa, Glaschu*), no a tha ag innse dè th' ann an rud no duine (m.e. *athair, plèana, bodach, uairean*).

Mura bheil ach aon rud ann (m.e. *plèana, bodach, pàirt*), tha an t-ainmear **singilte**. Ma tha barrachd air aon ann (m.e. *uairean, taighean-dhealbh*) tha e **iomarra**.

Chì sinn ann an Caibideil 2 gu bheil dà sheòrsa (no **gnè**) ainmear ann (gnè fireanta is gnè boireanta), agus gum bi an t-ainmear ag atharrachadh a rèir an t-suidheachaidh anns a bheil e.

1.2.3 An t-Alt

*Làrna-mhàireach ràinig Lisa 's **a** h-athair Glaschu, agus ghabh iad **a'** chiad phlèana a-mach dhan **a'** Ghrèig. Ged a bha **am** plèana mòr, cha robh e ach leth-làn. Bha bodach beag gu math reamhar na shuidhe ri taobh Lisa, agus anns na ceithir uairean a bha iad a' siubhal, cha do sguir e bhruidhinn. Dh'innis e dhi gun robh e na actair, 's e anabarrach ainmeil air feadh **an** t-saoghail, agus gun robh pàirt glè chudromach aige ann am film a bha ga dhèanamh an-dràsta air eilean Greugach, 's a thigeadh gu **na** taighean-dhealbh a dh'aithghearr. Thuirt **am** bodach rithe cuideachd gun robh Mel Gibson na dheagh charaid dha. Cha do chreid Lisa aon fhacal dheth.*

'S e mion fhacal a tha san alt, a tha a' tighinn ron ainmear 's ag innse gur e rud sònraichte, **comharraichte** a tha ann, m.e. **am** *bodach* seach bodach sam bith.

Mar a chì sinn ann an Caibideil 2, bidh an t-alt **cumanta** ag atharrachadh a rèir gnè, suidheachadh agus àireamh an ainmeir. Tha an t-alt **pearsanta** ag innse cò leis a tha rud no duine (m.e. **a** *h-athair*), agus cha bhi e ag atharrachadh idir a rèir gnè, suidheachadh no àireamh.

*Làrna-mhàireach ràinig Lisa 's a h-athair Glaschu, agus ghabh iad a' **chiad** phlèana a-mach dhan a' Ghrèig. Ged a bha am plèana **mòr**, cha robh e ach **leth-làn**. Bha bodach **beag** gu math **reamhar** na shuidhe ri taobh Lisa, agus anns na ceithir uairean a bha iad a' siubhal, cha do sguir e bhruidhinn. Dh'innis e dhi gun robh e na actair, 's e anabarrach **ainmeil** air feadh an t-saoghail, agus gun robh pàirt glè chudromach aige ann am film a bha ga dhèanamh an-dràsta air eilean **Greugach**, 's a thigeadh gu na taighean-dhealbh a dh'aithghearr. Thuirt am bodach rithe cuideachd gun robh Mel Gibson na **dheagh** charaid dha. Cha do chreid Lisa aon fhacal dheth.*

1.2.4
Am Buadhair

Tha am buadhair a' toirt tuairisgeul air ainmear, ag innse dè seòrsa rud no duine a tha ann.

Mar a chì sinn ann an Caibideil 3, faodaidh am buadhair a bhith **feartach**, 's e sin a thighinn leis an ainmear (m.e. *chiad, beag, reamhar, Greugach*), no a bhith **fiosrach**, 's e sin a' seasamh leis fhèin (m.e. *mòr, leth-làn, ainmeil*).

Air uairean thig **co-bhuadhair** leis a' bhuadhair airson a leasachadh, m.e. **gu math** *reamhar*, **anabarrach** *ainmeil*, **glè** *chudromach*.

CAIBIDEIL 1

1.2.5 An Co-ghnìomhair

Làrna-mhàireach ràinig Lisa 's a h-athair Glaschu, agus ghabh iad a' chiad phlèana **a-mach** dhan a' Ghrèig. Ged a bha am plèana mòr, cha robh e ach leth-làn. Bha bodach beag gu math reamhar na shuidhe ri taobh Lisa, agus anns na ceithir uairean a bha iad a' siubhal, cha do sguir e bhruidhinn. Dh'innis e dhi gun robh e na actair, 's e anabarrach ainmeil air feadh an t-saoghail, agus gun robh pàirt glè chudromach aige ann am film a bha ga dhèanamh **an-dràsta** air eilean Greugach, 's a thigeadh gu na taighean-dhealbh **a dh'aithghearr**. Thuirt am bodach rithe **cuideachd** gun robh Mel Gibson na dheagh charaid dha. Cha do chreid Lisa aon fhacal dheth.

'S e facal (no abairt) a tha anns a' cho-ghnìomhair a tha a' toirt dhuinn barrachd fiosrachaidh air cuin, ciamar, càit no carson.

Anns a' phìos seo, mar eisimpleir:

ràinig iad Glaschu	cuin?	**làrna-mhàireach**
ghabh iad plèana	càite?	**a-mach**
bha film ga dhèanamh	cuin?	**an-dràsta**

1.2.6 An Roimhear

*Làrna-mhàireach ràinig Lisa 's a h-athair Glaschu, agus ghabh iad a' chiad phlèana a-mach **dhan** a' Ghrèig. Ged a bha am plèana mòr, cha robh e ach leth-làn. Bha bodach beag gu math reamhar na shuidhe **ri taobh** Lisa, agus **anns** na ceithir uairean a bha iad a' siubhal, cha do sguir e bhruidhinn. Dh'innis e dhi gun robh e na actair, 's e anabarrach ainmeil **air feadh** an t-saoghail, agus gun robh pàirt glè chudromach aige **ann am** film a bha ga dhèanamh an-dràsta **air** eilean Greugach, 's a thigeadh **gu** na taighean-dhealbh a dh'aithghearr. Thuirt am bodach rithe cuideachd gun robh Mel Gibson na dheagh charaid dha. Cha do chreid Lisa aon fhacal dheth.*

Tha an roimhear a' tighinn ro ainmear, airson abairtean co-ghnìomhaireach a dhèanamh (a' toirt fiosrachadh air cuin, ciamar, càite no carson). Chan urrainn don roimhear seasamh leis fhèin.

Anns a' phìos seo, mar eisimpleir:

Ghabh iad am plèana	gu càite?	**dhan** a' Ghrèig
Bha am bodach na shuidhe	càite?	**ri taobh** Lisa
Cha do sguir e bhruidhinn	cuin?	**anns** na ceithir uairean

Chì thu ann an Caibideil 6 gu bheil roimhearan **sìmplidh** ann (m.e. *dhan, anns, gu*) agus roimhearan **fillte** (m.e. *ri taobh, air feadh*).

1.2.7 An Riochdair

*Làrna-mhàireach ràinig Lisa 's a h-athair Glaschu, agus ghabh **iad** a' chiad phlèana a-mach dhan a' Ghrèig. Ged a bha am plèana mòr, cha robh **e** ach leth-làn. Bha bodach beag gu math reamhar na shuidhe ri taobh Lisa, agus anns na ceithir uairean a bha iad a' siubhal, cha do sguir **e** bhruidhinn. Dh'innis **e** <u>dhi</u> gun robh **e** na actair, 's **e** anabarrach ainmeil air feadh an t-saoghail, agus gun robh pàirt glè chudromach <u>aige</u> ann am film a bha ga dhèanamh an-dràsta air eilean Greugach, 's a thigeadh gu na taighean-dhealbh a dh'aithghearr. Thuirt am bodach rithe cuideachd gun robh Mel Gibson na dheagh charaid <u>dha</u>. Cha do chreid Lisa aon fhacal <u>dheth</u>.*

Tha an riochdair na fhacal beag (m.e. *iad, e*) a tha a' riochdachadh – no a' seasamh an àite – ainmear no pearsa.

An seo, mar eisimpleir,

tha **iad** a' riochdachadh Lisa 's a h-athair
tha **e** a' riochdachadh a' phlèana no a' bhodaich

Chì thu ann an Caibideil 5 gu bheil diofar seòrsa riochdairean ann, nam measg riochdairean **pearsanta** (m.e. *e, i, iad*), agus riochdairean <u>roimhearach</u> (m.e. *rithe, aice*).

*Làrna-mhàireach ràinig Lisa 's a h-athair Glaschu, agus ghabh iad a' chiad phlèana a-mach dhan a' Ghrèig. Ged a bha am plèana mòr, cha robh e ach leth-làn. Bha bodach beag gu math reamhar na **shuidhe** ri taobh Lisa, agus anns na ceithir uairean a bha iad a' siubhal, cha do sguir e **bhruidhinn**. Dh'innis e dhi gun robh e na actair, 's e anabarrach ainmeil air feadh an t-saoghail, agus gun robh pàirt glè chudromach aige ann am film a bha ga **dhèanamh** an-dràsta air eilean Greugach, 's a thigeadh gu na taighean-dhealbh a dh'aithghearr. Thuirt e cuideachd gun robh Mel Gibson na dheagh charaid dha. Cha do chreid Lisa aon fhacal dheth.*

1.2.8
An Gnìomh-ainmear

Tha an gnìomh-ainmear na phàirt chudromach den ghnìomhair: tha e ag ainmeachadh gnìomh (m.e. *suidhe, siubhal, bruidhinn*), ach gun tràth a chur air. Gu math tric bidh e a' tighinn leis a' ghnìomhair *BI (tha, bha, bidh, bhiodh, etc)*, m.e. *bha iad a'* ***siubhal***.

Chì thu ann an Caibideil 7 gu bheil an gnìomh-ainmear ga chleachdadh ann an trì dòighean àraid.

1.3 AN CLAS

Tha pìos sgrìobhaidh sam bith air a dhèanamh suas le seantansan. Aithnichidh tu seantans bhon litir mhòir tha aig a toiseach agus a' phuing stad aig a deireadh. Tha còig seantansan anns a' phìos a chunnaic sinn ann an Earrainn 1.2:

1. Làrna-mhàireach ràinig Lisa 's a h-athair Glaschu, agus ghabh iad a' chiad phlèana a-mach dhan a' Ghrèig.

2. Ged a bha am plèana mòr, cha robh e ach leth-làn.

3. Bha bodach beag gu math reamhar na shuidhe ri taobh Lisa, agus cha do sguir e bhruidhinn anns na ceithir uairean a bha iad a' siubhal.

4. Dh'innis e dhi gun robh e na actair, 's e anabarrach ainmeil air feadh an t-saoghail, agus gun robh pàirt glè chudromach aige ann am film a bha ga dhèanamh an-dràsta air eilean Greugach, 's a thigeadh gu na taighean-dhealbh a dh'aithghearr.

5. Thuirt am bodach rithe cuideachd gun robh Mel Gibson na dheagh charaid dha.

6. Cha do chreid Lisa aon fhacal dheth.

Tha seantansan air an dèanamh le **clàsan**. 'S e earrann de sheantans a tha ann an clàs (no air uairean seantans slàn), anns a bheil **aon ghnìomhair**. Seo na clàsan a tha sa phìos againn:

*1. Làrna-mhàireach **ràinig** Lisa 's a h-athair Glaschu,*

*2. agus **ghabh** iad a' chiad phlèana a-mach dhan a' Ghrèig.*

*3. Ged a **bha** am plèana mòr,*

*4. **cha robh** e ach leth-làn.*

*5. **Bha** bodach beag gu math reamhar na shuidhe ri taobh Lisa,*

*6. agus **cha do sguir** e bhruidhinn anns na ceithir uairean*

7. *a **bha** iad a' siubhal.*

8. ***Dh'innis** e dhi*

9. *gun **robh** e na actair , 's e anabarrach ainmeil air feadh an t-saoghail,*

10. *agus gun **robh** pàirt glè chudromach aige ann am film*

11. *a **bha** ga dhèanamh an-dràsta air eilean Greugach,*

12. *'s a **thigeadh** gu na taighean-dhealbh a dh'aithghearr.*

13. ***Thuirt** am bodach rithe cuideachd*

14. *gun **robh** Mel Gibson na dheagh charaid dha.*

15. ***Cha do chreid** Lisa aon fhacal dheth.*

Bidh cuid de chlàsan a' seasamh leotha fhèin: tha iad **neo-eisimeileach**. Ged a bhiodh iad ri taobh a chèile san aon seantans ('s am facal *agus* no *ach* eatarra), chan eil iad an crochadh air a chèile idir. Tha clàsan eile ge-tà nach seas idir leotha fhèin, às aonais **prìomh** chlàs: tha iad sin nam **fo-chlàsan**. Anns a' phìos againne mar eisimpleir:

Tha clàsan 1, 2, 5 agus 15 neo-eisimeileach - dh'fhaodadh iad uile seasamh leotha fhèin ann an seantansan fa leth.

Ach tha clàsan 9 is 10 an eisimeil (an crochadh air) clàs 8, agus tha clàs 14 an eisimeil clàs 13. Cha sheas na clàsan sin (9, 10, 14) leotha fhèin idir: 's e fo-chlàsan a th' annta. Tha na clàsan air a bheil iad an crochadh (8 agus 13) nam prìomh chlàsan.

Tha clàs 7 agus clàsan 11 is 12 cuideachd nam fo-chlàsan, ach tha iad a' mìneachadh ainmear, mar gum b' e buadhairean a bha annta. Tha clàs 7 na fho-chlàs aig a' bhun-fhacal *uairean*, agus tha 11 is 12 nam fo-chlàsan aig a' bhun-fhacal *film*.

Tha diofar seòrsa facal ceanglaidh eadar clàsan, nan lùib **riochdairean dàimheach** (m.e. *a* ann an clàsan 7, 11, 12), agus **naisgearan** (m.e. *gun* ann an clàsan 9, 10, 14).

1.4 ATHARRACHAIDHEAN CUMANTA

1.4.1 Sèimheachadh

'S e an **sèimheachadh** aon de na h-atharrachaidhean as cumanta sa chànan. 'S e seo far a bheil connrag a' meatachadh gu fuaim nas sèimhe. Gus seo a chomharrachadh, tha sinn a' sgrìobhadh *h* às dèidh na connraig:

bh   ch   dh   fh   gh   mh   ph   sh   th

Tha tòrr sèimheachaidh a tha stèidhichte sa chànan mu thràth, taobh a-staigh fhaclan, agus chan atharraich sin idir, m.e.

*sèi**mh**   sgrìo**bh**adh   lea**bh**ar   fliu**ch**   **dh**a**ch**aigh.*

Ach bidh sèimheachadh a' nochdadh cuideachd aig toiseach fhaclan ann an suidheachaidhean àraid, m.e.

gnìomhair san tràth sheachad	***ch**oisich mi*
buadhair le ainmear boireanta	*oidhche **mh**ath*

Seo agad clàr ag innse mar a tha fuaim na connraig ag atharrachadh le sèimheachadh. Far a bheil diofar eadar an fhuaim leathann 's an fhuaim chaol, tha eisimpleir de na dhà ann.

		leathann	caol
c > ch		***ch**uir*	***ch**ìr*
b > bh		***bh**a*	
m > mh		***mh**ol*	
d > dh		***dh**anns*	***dh**iogail*
g > gh		***gh**abh*	***gh**eibh*
s > sh		***sh**aoil*	***sh**eall*
t > th		***th**òisich*	***th**ionndaidh*
p > ph		***ph**ut*	
f > fh		*dh'**fh**albh*	

Tha faclan àraid ann cuideachd a bhios a' cur sèimheachadh air an fhacal a tha às an dèidh. Seo an fheadhainn as cumanta:

◆ Na h-altan pearsanta **mo, do, a** (fireanta)

   mo mhàthair, do chòta, a cheann

◆ na roimhearan **bho, de (a), do (a), fo, gun, mar, mu, ro, tro** (le ainmear)

   bho mhullach   de shiùcar   do chuideigin
   fo chreig   gun chùram   mar phiuthar
   mu thimcheall   ro mheadhan latha   tro chunnart

◆ na buadhairean **corra, deagh, droch, prìomh, seann**

   corra dhuine   deagh chothrom   droch thubaist
   prìomh mhinistear seann chù

◆ na co-bhuadhairean **glè, fìor, ro, sàr**

   glè shàmhach   fìor choltach   ro shlaodach   sàr mhath

◆ na cunntairean **aon, dà, a' chiad**

   aon chuilean   dà phreas   a' chiad mhìos

◆ an gnìomhair **bu**

   bu mhath leam   bu chòir dhut   bu bheag orm

◆ am mion fhacal àicheil **cha**

   cha sheas mi   chan fhàg   cha mhòr

CAIBIDEIL 1

1.4.1 Sèimheachadh (a' leantainn)

➤ Bidh *d* agus *t* (agus gu ìre *s*) a' seachnadh sèimheachadh, gu h-àraidh às dèidh *–n*:

aig an doras	ach	*aig a' bhalla*
seann taigh	ach	*seann bhòrd*
sgian dubh	ach	*sgian mhòr*
gun dragh	ach	*gun chùram*
aon trèan	ach	*aon ghobhar*
cha toigh leam	ach	*cha chaomh leam*

➤ Leis an alt chumanta, tha sèimheachadh sònraichte air **ainmearan le s** (ach a-mhàin *sg, sm, sp, st*): 's e sin gu bheil **t-** ron *s*, agus *s* gun fhuaimneachadh idir:

an t-Sultain   *air an t-sròin*   *sàbh an t-saoir*

(Faic Earrann 2.6)

➤ Cha ghabh **sg, sm, sp** no **st** sèimheachadh uair sam bith:

mo sgoil   *cha smaoinich*   *deagh spòrs*   *glè stòlda*

1.4.2 Caolachadh

Anns an leabhar, gu h-àraidh ann an Caibideil 2, tha iomradh air a dhèanamh air **caolachadh**. 'S e sin nuair a bhios facal aig a bheil connrag dheireannach leathann (m.e. bal*ach*) ga atharrachadh gu bhith caol *(balaich)*.

Cuimhnich gur iad na fuaimreagan leathann **a, o, u**, agus na fuaimreagan caol **e, i**. Ma tha fuaim leathann aig connrag, bidh fuaimreagan leathann sgrìobhte ri a taobh; ma tha fuaim chaol aice, 's e fuaimreagan caol a bhios ri a taobh san fhacal.

Nuair a thèid facal a chaolachadh, bidh *i* ga chur ron a' chonnraig dheireannaich aige, m.e.

   brog > bròig   connrag > connraig   cat > cait   òran > òrain

Air uairean bidh an fhuaimreag fhèin ag atharrachadh cuideachd:

   bòrd > bùird   clach > cloich   eun > eòin

1.4.3 *An* gu *Am*

Tha grunn fhaclan **an** sa chànain:

alt cumanta	**an** t-aran
alt pearsanta	**an** athair
roimhear	(ann) **an** tiotan
facal ceisteach	**an** urrainn dhut?
riochdair	ris **an** do bhruidhinn mi
naisgear	gus **an** tuit an tùr

Ach co-dhiù cò fear a tha ann, bidh **an** a' dol gu **am** ro **b, f, m, p:**

alt cumanta:	**am** falt
alt pearsanta:	**am** màthair
roimhear:	ann **am** priobadh na sùla
facal ceisteach:	**am** b' urrainn dhut
riochdair:	ris **am** bruidhinn mi
naisgear:	gus **am** faic mi an tùr

CAIBIDEIL 2 AN T-AINMEAR

2.1 **A' BHUIDHEANN AINMEARACH**

Tha **ainmear** ag ainmeachadh rud, creutair no neach, m.e.

uinneag   teas   eagal   moncaidh   piuthar

Gu math tric, bidh ainmear air a chleachdadh le

➤ **buadhair**, facal a tha ag innse cò ris a tha rud coltach, m.e.

*bòrd **mòr**   clàran **ùra**   cù **laghach***

➤ **alt**, facal beag a tha ag innse gur e rud cinnteach, comharraichte a tha san ainmear, m.e.

***am** bòrd   **a'** mhàileid   **an t**-sùil   **na h**-eòin   **mo** cheann*

'S e **a' bhuidheann ainmearach** a chanas sinn ris na faclan seo le chèile:

	alt + ainmear	*an clàr*
no	alt + ainmear + buadhair	*an clàr ùr*
no	ainmear + buadhair	*clàr ùr*

2.2 **GNE**

Mar a tha anns a' mhòr-chuid de na cànain Eòrpach, tha gnè aig gach ainmear sa Ghàidhlig. Tha dà ghnè ann, ris an canar **fireanta** agus **boireanta**. Faodaidh gnè an ainmeir diofar a dhèanamh air a' bhuidheann ainmearach. Canaidh sinn, mar eisimpleir:

am bàta buidhe   ach   *a' bhò bhuidhe*

Tha diofar ann a chionn is gu bheil *bàta* fireanta agus *bò* boireanta.

2.2.1 Fireanta no Boireanta?

Innsidh faclair dhut co-dhiù tha ainmear fireanta no boireanta, ach gu math tric faodaidh tu gnè an ainmeir aithneachadh bhon a' chleachdadh agad fhèin. Cuir buadhair a thòisicheas le **b**, **f**, no **m** (m.e. *buidhe, fuar, mòr*) ris an ainmear - ma tha am buadhair air a shèimheachadh (*bhuidhe, fhuar, mhòr*), tha an t-ainmear boireanta; mura bheil e sèimhichte, tha an t-ainmear fireanta.

Smaoinich air *gealach* agus *bòrd*, mar eisimpleir:

An e *gealach **b**uidhe* neo *gealach **bh**uidhe* a chanadh tu?
Gealach bhuidhe – mar sin, tha *gealach* boireanta.

An canadh tu *bòrd **m**òr* neo *bòrd **mh**òr*? *Bòrd mòr* – mar sin, tha *bòrd* fireanta.

Ach tha dòighean ann cuideachd air deagh thuairmse a dhèanamh a bheil ainmear fireanta no boireanta. Seo cuid aca.

➤ Fear no tè?

Ma tha an t-ainmear a' comharrachadh neach no beathach fireann, bidh e fireanta. Ma tha e a' comharrachadh neach no beathach boireann, tha e boireanta. Mar sin:

fireanta	*boireanta*
an t-athair	*a' mhàthair*
am bràthair	*a' phiuthar*
am mac	*an nighean*
am fear	*an tè*
an seanair	*an t-seanmhair*
am bodach	*a' chailleach*
an coileach	*a' chearc*
an tarbh	*a' bhò*

> **Ach...** tha *boireannach* ... fireanta!

CAIBIDEIL 2

➤ Cànain is dùthchannan

Tha iad seo **boireanta**, m.e.

A' Ghàidhlig   a' Bheurla   a' Chuimris   an Fhraingis
Alba   Eirinn   Sasainn   A' Chuimrigh
An Eadailt   An Fhraing   A' Ghrèig   An Eòrpa

➤ Deiridhean sònraichte

◆ **-ach, -adh, -an, -as**

Tha a' mhòr-chuid de na h-ainmearan a tha a' crìochnachadh leis na lidean seo **fireanta**, m.e.

aran   canach   deireadh   eilean   coltas   òran   solas

◆ **-ag, -achd, -id**

'S ann **boireanta** a tha a' mhòr-chuid de na h-ainmearan ioma-lideach (le barrachd air aon lide) a tha a' crìochnachadh leis na lidean seo, m.e.

aotramachd   bàrdachd   caileag   càraid   drochaid   piseag
pitheid   sliseag   smugaid   uinneag

Ach:

> Tha *caraid* agus *nàmhaid* fireanta:
> *caraid math dìleas*
> *nàmhaid marbhtach*

◆ **-ir, -iche**

'S ann **fireanta** a tha a' mhòr-chuid de na h-ainmearan a tha a' crìochnachadh leis na lidean seo agus a' comharrachadh dreuchd, m.e.

clachair   dorsair   leughadair   maraiche   òranaiche
seinneadair   sgrìobhadair   uaireadair

➤ Leathann no caol?

Gu math tric (ged nach ann an-còmhnaidh), ma tha ainmear a' crìochnachadh le **connrag leathann**, tha e **fireanta** – m.e.

*aodann   beul   ceann   doras   eilean   falt   monadh
peann   rathad   solas   toll*

Ma tha an t-ainmear a' crìochnachadh le **connrag caol**, gu math tric (ach chan ann an-còmhnaidh) bidh e **boireanta** – m.e.

*abhainn   beinn   cabhsair   dùthaich   feòil   iuchair
meidh   sirist   sùil   toit*

> ***Fireanta agus boireanta?*** Tha grunnan fhaclan ann nach eil buileach stèidhichte ann an gnè seach gnè. Faodaidh na faclan a leanas, mar eisimpleir, a bhith boireanta no fireanta, a rèir na dualchainnt:
> *ceò   dealbh   glù(i)n   muileann
> muir   talamh   tìr   tobar*

2.3 SUIDHEACHADH

Ann an seantans sam bith, gheibh thu an t-ainmear (fireanta no boireanta, singilte no iomarra) ann an aon de cheithir suidheachaidhean àraid. Is iad seo:

an suidheachadh ainmneach
an suidheachadh roimhearach
an suidheachadh ceangailte
an suidheachadh gairmeach

2.3.1 An Suidheachadh Ainmneach

Seo an suidheachadh as cumanta, air a chleachdadh

➤ airson rud **ainmeachadh**

botal   na botail   mo bhotal   seo botal

➤ ◆ airson **cùisear** no **cuspair** (faic Earrann 7.1)

Bhris am botal.   Bhris mi botal.

2.3.2 An Suidheachadh Roimhearach

Seo an suidheachadh anns a bheil a' bhuidheann ainmearach a' leantail air na **roimhearan sìmplidh**, 's e sin:

aig   air   ann an   à   (bh)o   de
do   fo   gu   le   mu   ri   ro   tro

m.e. *aig* Bha i na suidhe aig **a' bhòrd mhòr**.
      air Cha robh coilear air **a' chù dhubh**.
      le   Feuch gun till thu leis **an each gheal**.

Anns an t-suidheachadh seo, tha a' bhuidheann ainmearach a' tighinn an dèidh:

➤ ainmear eile ris a bheil e ceangailte, airson **seilbh no dàimh** a chur an cèill:

> *Ràinig sinn ceann **an rathaid**.*
> *Sin càr **mo sheanmhar**.*
> *Am faca tu tè **na bainnse**?*
> *Chaidh sinn dhan taigh-**tasgaidh** ùr.*

➤ roimhear fillte (faic Earrann 6.4):

> *Thèid sinn a dh'ionnsaigh **an t-solais**.*
> *Tha seann tobar air cùl **a' bhothain**.*
> *Dè fhuair sibh am broinn **na ciste**?*
> *Chunnaic mi i ri taobh **na leapa**.*

➤ air uairean, gnìomh-ainmeir
(faic Earrannan 7.10.2 – 7.10.3):

> *Bha mi ag ionndrainn **a' choin** agam.*
> *A bheil thu a' dol a thogail **a' bhaidhsagail bhig**?*

2.3.3 An Suidheachadh Ceangailte

Anns an t-suidheachadh seo tha thu a' bruidhinn ri duine no beathach, agus gan ainmeachadh, m.e.

> *Sin thu, **a bhalaich**! Thig a-staigh, **a Mhàiri**. Trobhad, **a choin**!*

2.3.4 An Suidheachadh Gairmeach

> Anns an t-singilte thig atharrachadh air a' bhuidheann ainmearach a rèir dè an suidheachadh anns a bheil e. Coimheadaidh sinn a-nise air na riochdan eadar-dhealaichte a tha aig a' bhuidheann ainmearach anns gach suidheachadh.
>
> Dèiligidh sinn ris na suidheachaidhean **ainmneach**, **roimhearach** agus **ceangailte** an toiseach, on a tha iad nas bitheanta. Chì sinn dè thachras don **ainmear**, don **alt chumanta** agus don **bhuadhair** anns na trì suidheachaidhean sin.

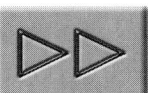

CAIBIDEIL 2

2.4 AN T-AINMEAR (SINGILTE)

Anns an dà chlàr shìos chì thu ciamar a bhios an t-ainmear singilte ag atharrachadh a rèir an t-suidheachaidh. Leugh tro na seantansan gu faiceallach: tha an t-ainmear anns a' cholbh chlì **neo-chomharraichte** (chan eil alt aige), agus anns a' cholbh cheart tha e **comharraichte**.

Fireanta   gun alt (neo-chomharraichte)

A	*cat*	Fhuair sinn cat.
	òran	Gabh òran.
	sruthan	Tha sruthan a' dol tron a' choille.
R	*cat*	Tha i coltach ri cat.
	òran	Dh'èist sinn ri òran.
	sruthan	Stad sinn aig sruthan.
C	*cait*	Tha e coltach ri earball cait.
	òrain	Nach e ainm òrain a tha sin?
	sruthain	Feumaidh mi uisge sruthain.

Boireanta   gun alt (neo-chomharraichte)

A	*cluas*	Chan eil cluas air a' chupa seo.
	uinneag	Bhris iad uinneag.
	sròn	A bheil sròn air eun?
R	*cluais*	Tha seo coltach ri cluais.
	uinneig	Bha i a' coimhead air uinneig.
	sròin	Chan eil eun ann le sròin.
C	*cluais(e)*	Bha coltas cluaise air.
	uinneig	Bha iad air beulaibh uinneig.
	sròin(e)	Bha cruth sròine air a' chreig.

le alt (comharraichte)

an cat	Chunnaic mi an cat.
an t-òran	Is toigh leam an t-òran sin.
an sruthan	Seo an sruthan a chuala tu.
a' chat	'S ann leis a' chat a tha e.
an òran	Eist ris an òran seo.
an t-sruthan	Bha òr-èisg anns an t-sruthan.
a' chait	Ghabh e spòg a' chait.
an òrain	Fan gu deireadh an òrain.
an t-sruthain	Bidh uisge an t-sruthain glè fhuar.

le alt (comharraichte)

a' chluas	Tha a' chluas seo briste.
an uinneag	Fosgail an uinneag.
an t-sròn	Bhìd i an t-sròn agam.
a' chluais	Bhuail am bàlla mi air a' chluais.
an uinneig	Bha sinn aig an uinneig.
an t-sròin	Na gabh san t-sròin e.
na cluais(e)	Bha peansail aige air cùl na cluaise.
na h-uinneig	Tha i air beulaibh na h-uinneig.
na sròin(e)	Phòg mi e air bàrr na sròine.

| 2.4.1 Ainmneach | Cha bhi an t-ainmear fireanta ag atharrachadh san ainmneach, ach a-mhàin gu bheil **t-** a' tighinn eadar an t-alt agus fuaimreag: |

an t-aran   an t-eilean   an t-iasg   an t-òran   an t-ubhal

Tha an t-ainmear boireanta, ge-tà, air a shèimheachadh leis an alt (mas urrainnear):

*a' bhò   a' chluas   an fheòil   a' ghruag   a' mhil
a' phoit   an t-sùil*

| 2.4.2 Roimhearach | San t-suidheachadh roimhearach tha **caolachadh** a' tighinn air an ainmear **bhoireanta** (mas urrainnear): |

*clann > leis a' chl**oinn**   cluas > ri clu**ais**   cas > le do ch**ois**
creag > aig a' chr**eig**   làmh > ri là**imh**   uinneag > aig uinn**eig***

Bheir sinn sùil eile air caolachadh ann an Earrainn 2.4.4. Cuimhnich, ge-tà, gu bheil tòrr ainmearan boireanta a tha caol co-dhiù agus nach gabh atharrachadh, m.e. *cuibhle, oifis, sàil*. A bharrachd, gu math bitheanta cha bhi daoine a' caolachadh an ainmeir san roimhearach idir, agus cluinnidh tu:

ri cluas   le do chas   aig an uinneag

Leis an alt, bidh ainmearan fireanta agus boireanta le chèile **sèimhichte** (mas urrainnear):

fir: *tron a' **bh**aile   leis a' **ch**at   aig an **fh**ear
ris a' **ph**eann   anns an **t-s**ruthan*

boir: *air a' **bh**riogais   anns an **fh**uil   leis a' **gh**ruaig
aig a' **mh**uic   fon **t-s**ùil*

2.4.3 Ceangailte

'S ann anns an t-suidheachadh cheangailte as motha a chì thu atharrachadh air an ainmear. Leis an alt, bidh an t-ainmear fireanta **sèimhichte**:

*fiasag a' **bh**odaich   spòg a' **ch**ait   uisge an **t-s**ruthain*

Ach alt ann no às, bidh ainmearan fireanta agus boireanta le chèile ag atharrachadh aig deireadh an fhacail, mar as trice tro **chaolachadh** (ma ghabhas e dèanamh):

*cat > ca**it**   òran > òra**in**   sruthan > srutha**in**
cluas > clua**ise**   uinneag > uinn**eig**   sròn > srò**ine***

> Cuimhnich gu bheil, mar as trice, fuaimreag a bharrachd aig faclan boireanta aona-lideach:
> *cluas > cluais**e**   creag > creig**e**   làmh > làimh**e***
>
> B' àbhaist gun robh an fhuaimreag seo aig faclan boireanta fada cuideachd, agus nochdaidh i fhathast air uairean:
> *Sràid na h-Eaglais**e**   còta na caillich**e***

Ged nach bi a h-uile ainmear ag atharrachadh anns an t-suidheachadh cheangailte, tha na riochdan ceangailte fhathast cumanta. Gheibh thu iad anns an fhaclair, m.e. *"taigh (f), **taighe**, taighean".* Bheir sinn sùil nas mionaidiche air na riochdan seo anns na h-earrannan a leanas.

2.4.4 Riochdan Ceangailte: fuaimreag ùr

'S dòcha gun tug thu fa-near ann an earrainn 2.4.2 gun robh cuid a dh'fhaclan goirid ag atharrachadh na fuaimreig aca nuair a bha iad a' caolachadh, m.e.

*cas > c**o**is*   *clann > cl**oi**nn*

Tha an seòrsa atharrachaidh seo ri fhaighinn sa cheangailte cuideachd am measg fhaclan aona-lideach. Seo eisimpleirean cumanta:

fir.
ceann > **cinn**	*m.e.*	*air beulaibh mo chinn*
fear > **fir**	*m.e.*	*còta an fhir mhòir*
mac > **mic**	*m.e.*	*ainm a mic*
falt > **fuilt**	*m.e.*	*dath an fhuilt agad*
fiadh > **fèidh**	*m.e.*	*cabair an fhèidh*
eun > **eòin**	*m.e.*	*gob an eòin*
bòrd > **bùird**	*m.e.*	*casan a' bhùird*
ceòl > **ciùil**	*m.e.*	*còmhlan ciùil*
tonn > **tuinn**	*m.e.*	*bàrr an tuinn*

boir.
cas > **coise**	*m.e.*	*meud mo choise*
clach > **cloiche**	*m.e.*	*air cùl na cloiche*
clann > **cloinne**	*m.e.*	*deagh leabhar cloinne*
grian > **grèine**	*m.e.*	*dol fodha na grèine*

Gu ruige seo tha sinn air a bhith a' coimhead air ainmearan a bhios a' caolachadh sa cheangailte. Ach tha tòrr ainmearan a tha caol mu thràth, 's nach gabh caolachadh. Seo mar a bhios cuid aca ag atharrachadh sa cheangailte:

2.4.5 Riochdan Ceangailte: ainmearan caol

➤ ainmearan teaghlaich a' dol leathann:
athair > **athar**		m.e.	piuthar m' athar.
màthair > **màthar**		m.e.	co-là-breith do mhàthar
bràthair > **bràthar**		m.e.	làmh mo bhràthar
seanmhair > **seanmhar**		m.e.	taigh mo sheanmhar
seanair > **seanar**		m.e.	bòtannan mo sheanar

➤ faclan a' dol leathann 's a' gabhail **-a**:

fir.
druim > **droma**	m.e.	mo chnàmh droma

boir.
dùthaich > **dùthcha**	m.e.	air feadh na dùthcha
feòil > **feòla**	m.e.	pìos feòla
fuil > **fala**	m.e.	lòn fala
mil > **meala**	m.e.	blas na meala
muir > **mara** *	m.e.	fuaim na mara
sùil > **sùla**	m.e.	ann am priobadh na sùla

> * Ged a tha *muir* fireanta aig cuid is boireanta aig cuid eile, sa cheangailte tha e an-còmhnaidh boireanta: *fuaim **na mara***.

➤ faclan boireanta le **-ir** a' dol gu **-rach**:
cathair > **cathrach**	m.e.	fear na cathrach
iuchair > **iuchrach**	m.e.	sgeul na h-iuchrach dhraoidheil
litir > **litreach**	m.e.	an cois na litreach seo
obair > **obrach**	m.e.	luchd-obrach
machair > **machrach**	m.e.	flùraichean na machrach

CAIBIDEIL 2

2.4.6
Riochdan Ceangailte:
feadhainn shònraichte

Thoir an aire dha na riochdan sònraichte a leanas:

fir:
cù > **coin**   m.e.   diù a' choin
taigh > **taighe**   m.e.   am broinn an taighe

boir:
abhainn > **aibhne**   m.e.   bruach na h-aibhne
Alba > **Albann** *   m.e.   Pàrlamaid na h-Albann
banais > **bainnse**   m.e.   fear na bainnse
bean > **mnà**   m.e.   còirichean na mnà
bò > **bà**   m.e.   bainne na bà
brù > **broinne**   m.e.   meud a broinne
caora > **caorach**   m.e.   clòimh na caorach
Eirinn > **Eireann** *   m.e.   muinntir na h-Eireann
leabaidh > **leapa**   m.e.   casan na leapa
piuthar > **peathar**   m.e.   sgiorta mo pheathar
talamh > **talmhainn**   m.e.   bàrr na talmhainn

> * Bidh *Alba* is *Eireann* gu tric a' gabhail alt sa cheangailte:
> muinntir **na h-Eireann** 's **na h-Albann**
> Tha **Alba** a cheart cho cumanta ri *Albann*:
> Pàrlamaid na h-**Alba**

2.4.7
Riochdan Ceangailte:
ainmearan sònrachaidh

Bidh ainmearan sònrachaidh ('s e sin ainmean àite no dhaoine) a' dol caol agus a' sèimheachadh (mas urrainnear):

piuthar **Dhòmhnaill**   *muinntir* **Ghlaschu**

Ach cha bhi ainmean boireannaich a' sèimheachadh, mar as trice:

piuthar **Seonaig**

2.4.8 Faclan Gun Riochd Ceangailte

> Mu dheireadh, cuimhnich gu bheil tòrr ainmearan nach atharraich san lide mu dheireadh idir. Tha cuid aca aig an robh riochd sònraichte uair, nach eil air a chleachdadh tuilleadh (no dìreach glè ainneamh) san latha an-diugh.

Seo eisimpleirean:

➤ facal ioma-lideach sam bith le **-achd**:

naidheachd   beannachd   rìoghachd

➤ faclan **caol** ioma-lideach:

fir: *cìobair   seòladair   maighstir   clachair*

boir: *òigridh   dachaigh   aghaidh   casadaich*

➤ faclan a' crìochnachadh le **fuaimreig**:

fir.   *baile   balla   ceò   còta   gille   nì   uisge*

boir.   *bliadhna   cnò   coille   oidhche   tè*

2.5 AM BUADHAIR (SINGILTE)

Fireanta   gun alt (neo-chomharraichte)

A
dubh	Fhuair sinn cat **dubh**.
gòrach	Chuala mi òran **gòrach**.
beag	Ràinig sinn sruthan **beag**.

R
dubh	Tha e coltach ri cat **dubh**.
gòrach	Dh'èist sinn ri òran **gòrach**.
beag	Thàinig e gu sruthan **beag**.

C
dubh	Tha e coltach ri earball cat **dubh**.
gòrach	Thoir dhomh ainm òran **gòrach**.
beag	Stad iad ri taobh sruthan **beag**.

Boireanta   gun alt (neo-chomharraichte)

A
ghorm	Fhuair mi cluas **ghorm**.
mhòr	Bhris iad uinneag **mhòr**.
dhearg	Chuir mi orm sròn **dhearg**.

R
ghuirm	Tha e coltach ri cluais **ghuirm**.
mhòir	Fhuair mi e an taca ri uinneig **mhòir**
dheirg	Bha caileag ann le sròin **dheirg**.

C
ghuirm	Bha coltas cluais **ghuirm** air.
mhòir	Bha i ri taobh uinneig **mhòir**.
dheirg	Fhuair i stais an àite sròin **dheirg**
no	no
guirme	Bha coltas cluaise **guirme** air.
mòire	Bha i ri taobh uinneige **mòire**.
deirge	Fhuair i stais an àite sròine **deirge**

le alt (comharraichte)

dubh	Chunnaic mi an cat **dubh**.
gòrach	Is toigh leam an t-òran **gòrach** seo.
beag	'S e seo an sruthan **beag** seunta.
dhubh	'S ann leis a' chat **dhubh** a tha e.
ghòrach	Eist ris an òran **ghòrach** seo.
bheag	Bha èisg òir san t-sruthan **bheag**.
dhuibh	Ghabh e spòg a' chait **dhuibh**.
ghòraich	Fan gu deireadh an òrain **ghòraich**.
bhig	Shuidh i air bruach an t-sruthain **bhig**.

le alt (comharraichte)

'S ann le alien a tha a' chluas **ghorm** seo.
Fosgail an uinneag **mhòr**.
Cuir dhiot an t-sròn **dhearg** seo.

Tha i air a' chluais **ghuirm** aige.
Bha sinn aig an uinneig **mhòir**.
Cò am bodach leis an t-sròin **dheirg**?

Tha e air cùl na cluais **ghuirm** aige.
Tha e air beulaibh na h-uinneig **mhòir**.
'S e an-diugh Latha na Sròin **Dheirg**.
no
Tha e air cùl na cluaise **guirme** aige.
Tha e air beulaibh na h-uinneige **mòire**.
'S e an-diugh Latha na Sròine **Deirge**.

2.5 (a' leantainn) | Mar as trice bidh am buadhair ag atharrachadh, coltach ris an ainmear, a rèir gnè is suidheachadh. Chì thu anns an dà chlàr shuas dè thachras anns gach suidheachadh.

➤ **Sèimheachadh: fireanta**

Chì thu nach bi am buadhair fireanta air a shèimheachadh ach a-mhàin leis an alt san roimhearach agus sa cheangailte.

➤ **Sèimheachadh: boireanta**

Tha am buadhair boireanta, ge-tà, sèimhichte (mas urrainnear) anns gach suidheachadh, alt ann no às.

Anns a' cheangailte, ge-tà, ma thathas a' cleachdadh riochd boireanta le *–e* *(cluaise, uinneige, sròine)*, bidh *–e* aig a' bhuadhair cuideachd, agus cha bhi sèimheachadh ann:

*Latha na **Sròine Deirge** bha mi aig taigh na **cailliche bige**.*

Cuimhnich gu bheil an riochd fada seo (le *–e*) nas cumanta le faclan aona-lideach.

➤ **Caolachadh: fireanta**

Cha bhi am buadhair fireanta a' caolachadh ach a-mhàin sa cheangailte leis an alt:

*spòg a' chait **dhuibh***

Chì thu gu bheil diofar anns a' cheangailte eadar an t-ainmear gun alt **le** buadhair agus **às aonais** buadhair:

*earball **cait*** ach *earball **cat dubh***
*seacaid **balaich*** ach *seacaid **balach beag***

'S e sin, ma tha buadhair còmhla ris, cha bhi an t-ainmear neo-chomharraichte (gun alt) a' caolachadh ann. Chan ann mar seo a b' àbhaist dha a bhith, ge-tà, agus gheibhear fhathast *earball cait dhuibh* no *seacaid balaich bhig*.

➤ **Caolachadh: boireanta**

Coltach ris an ainmear, bidh am buadhair boireanta a' caolachadh (mas urrainnear) anns an roimhearach agus sa cheangailte. Mar a chunnaic sinn mu thràth, ge-tà, ann an Earrainn 2.4.2, cha bhi daoine an-còmhnaidh a' caolachadh sa roimhearach, agus gheibh thu: *aig an uinneag mhòr* no *leis an t-sròn dhearg*.

2.6 AN T-ALT CUMANTA (SINGILTE)

Chunnaic sinn mu thràth gum bi an t-ainmear **comharraichte** (leis an alt) uaireannan ag atharrachadh aig toiseach an fhacail, tro **shèimheachadh**. Seo na suidheachaidhean anns a bheil an sèimheachadh a' tachairt:

	FIREANTA	BOIREANTA
AINMNEACH	✗	✓
ROIMHEARACH	✓	✓
CEANGAILTE	✓	✗

Seo gu mionaideach an dòigh anns am bi an t-alt cumanta agus toiseach an ainmeir ag atharrachadh anns gach suidheachadh:

	FIREANTA		BOIREANTA	
AINMNEACH	*an*	c d g l n r s t	*a'*	bh ch gh mh ph
	am	b f m p	*an t-*	sl sn sr sa se si so su
	an t-	a e i o u	*an*	fh a e i o u + an còrr*
ROIMHEARACH	*a'*	bh ch gh mh ph	*a'*	bh ch gh mh ph
	an t-	sl sn sr sa se si so su	*an t-*	sl sn sr sa se si so su
	an	fh a e i o u + an còrr*	*an*	fh a e i o u + an còrr*
CEANGAILTE	*a'*	bh ch gh mh ph	*na*	connrag
	an t-	sl sn sr sa se si so su	*na h-*	fuaimreag
	an	fh a e i o u + an còrr*		

* 'S e an còrr: d l n r sg sm sp st t

Seo a-nise eisimpleirean, anns am faic thu na litrichean a bhios ag atharrachadh agus an fheadhainn nach bi: ➤ ➤ ➤

	FIREANTA	BOIREANTA
AINMNEACH m.e. **Seo ...**	**Seo an** cat an doras an goc an loch an neul an rathad an sgàthan an sloc an smal an sneachd an speurair an sruth an stùr an sàbh an taigh **Seo am** bòrd am falt am mac am post **Seo an t-**aran an t-eilean an t-ìm an t-òrd an t-uan	**Seo a'** bhò a' chaileag a' ghrian a' mhil a' phìob **Seo an t-**slige an t-snàthad an t-sràid an t-sùil **Seo an** ad an eaglais an ialtag an ola an ùir an fheòrag an deoch an lach an nathair an rèis an sgoil an smig an spàin an staidhre an tè
ROIMHEARACH m.e. **leis ...**	**leis a'** bhòrd a' chat a' ghoc a' mhac a' phost **leis an t-**sloc an t-sneachd an t-sruth an t-sàbh **leis an** fhalt an aran an eilean an ìm an òrd an uan an doras an loch an neul an rathad an sgàthan an smal an speurair an stùr an taigh	**leis a'** bhoin a' chaileig a' ghrèin a' mhil a' phìob **leis an t-**slige an t-snàthaid an t-sràid an t-sùil **leis an** aid an eaglais an ialtaig an ola an ùir an fheòraig an deoch an lach an nathair an rèis an sgoil an smig an spàin an staidhre an tè
CEANGAILTE m.e. **ri taobh ...**	**ri taobh a'** bhùird a' chait a' ghoca a' mhic a' phuist **ri taobh an t-**sluic an t-sneachda an t-srutha an t-sàibh **ri taobh an** fhuilt an arain an eilein an ime an ùird an uain an dorais an locha an neòil an rathaid an sgàthain an smail an speurair an stiùir an taighe	**ri taobh na** bà na caileig na deocha na feòraig na grèine na lacha na meala na nathrach na pìoba na rèise na sgoile na slige na smige na snàthaid na spàine na sràide na staidhre na sùla na tè **ri taobh na h-**aide na h-eaglais na h-ialtaig na h-ola na h-ùire

CAIBIDEIL 2

2.7 AN T-IOMARRA

Chunnaic sinn shuas na riochdan a tha aig a' bhuidheann ainmearach nuair a tha e **singilte**, 's e sin nuair nach eil ach aon rud no duine ann. Dè thachras a-nise san **iomarra**, nuair a tha sinn a-mach air barrachd air aon?

2.7.1 An t-Ainmear Iomarra

Aig a' mhòr-chuid de na Gàidheil san latha an-diugh chan eil ann ach an aon riochd san iomarra ge bith dè an suidheachadh anns a bheil an t-ainmear. Coimheadaidh sinn an toiseach, ma-tà, air an aon riochd iomarra, agus bheir sinn an aire an uair sin do na riochdan sònraichte a tha a' nochdadh anns an t-suidheachadh cheangailte.

Gheibhear an riochd iomarra a tha aig ainmear anns an fhaclair, mar as trice às dèidh an riochd cheangailte, m.e. *"taigh (f), taighe,* **taighean***".*

➤ **Deiridhean cumanta**

◆ 'S e an deireadh facail as cumanta san iomarra: **-(e)an**, m.e.
 beachdan   brògan   dealbhan   làmhan   sùilean   taighean

◆ Bidh tòrr ainmearan a' gabhail *–***ichean**, m.e.

 ■ ainmearan boireanta le *-**ach***, m.e.
  clàrsach   gealach   mòinteach
  clàrsaichean gealaichean   mòintichean

 ■ ainmearan goirid air an togail on a' Bheurla, m.e.
  bus   dreas   fòn   trèana
  busaichean dreasaichean fònaichean trèanaichean

 ■ ainmearan le *-**ar*** no *-**ir***, m.e.
  cathair   leabhar   màthair   tobar
  cathraichean leabhraichean màthraichean tobraichean

 Thoir fa-near gu bheil iad seo a' giorrachadh sa mheadhan.

> **Ach ...** bràthair > **bràithrean**   piuthar > **peathraichean**.

◆ A bharrachd air na deiridhean seo, tha

-tan	beanntan	cuantan
-tean	smuaintean	teintean
-(e)annan	cupannan	oidhcheannan
-(e)achan	ballachan	uisgeachan
-(a)idhean	cogaidhean	deiridhean

➤ Caolachadh

Tha grunnan mòr ainmearan nach gabh gin dhe na deiridhean shuas, ach a tha a' caolachadh dìreach mar a nì iad sa cheangailte (shingilte). Nam measg seo tha:

◆ ainmearan fireanta **aona-lideach**, m.e. *bòrd*

na bùird   na cait   na h-eich   na h-eòin   na fir
na fèidh   na puist

◆ a' mhòr-chuid de na h-ainmearan fireanta le *-ach* no *–an*, m.e. *balach, òran*

na balaich   na coilich   na Gearmailtich
na h-òrain   na sgadain

> **Ach ...**
> eilean > **eileanan**
> beathach > **beathaichean**
> soitheach > **soithichean**

➤ Riochdan sònraichte eile:

bean	>	**mnathan**
caora	>	**caoraich**
cù	>	**coin**
druim	>	**dromannan**
leabaidh	>	**leapannan**
muir	>	**marannan**

| 2.7.2 Am Buadhair Iomarra | ➤ Bidh buadhairean aona-lideach (m.e. *beag*) a' gabhail **-a** san iomarra:

taighean beaga   *brògan ùra*   *caileagan òga*.

Chan eil riochd sònraichte aig na buadhairean eile.

➤ Ma tha am buadhair còmhla ri ainmear a tha **air a chaolachadh** san iomarra (m.e. *fir, balaich, solais*), tha e sèimhichte:

bailtean mòra	ach	*balaich **mh**òra*
brògan buidhe	ach	*solais **bh**uidhe*
rabaidean beaga	ach	*coineanaich **bh**eaga*

➤ Leis na h-ainmearan trusaidh **clann** agus **feadhainn**, faodaidh am buadhair a bhith singilte no iomarra:

clann bheag	no	*clann bheaga*
an fheadhainn mhòr	no	*an fheadhainn mhòra*

|
| 2.7.3 An t-Alt Cumanta Iomarra | 'S e an t-alt iomarra **na**, no **nan** anns a' cheangailte. Bidh *na* a' cur **h-** air beulaibh fuaimreig, agus bidh *nan* a' dol gu **nam** air beulaibh *b, f, m* no *p*.

A	**na**	na taighean	na h-òrain
R	**na**	ris na taighean	anns na h-òrain
C	**nan**	mullach nan taighean	
	nam	seòmar nam peathraichean	

|

➤ Anna a' cheangailte ma tha an t-ainmear iomarra **neo-chomharraichte** (gun alt), tha e sèimhichte:

*Tha mi ag iarraidh pacaid **bhriosgaidean**.*
*Bidh tòrr **chaileagan** agus grunnan **ghillean** aig a' chonsart.*
*Bha iad nan seasamh air beulaibh **bhallachan** àrda.*

➤ A bharrachd, tha seann riochd sònraichte ri fhaighinn fhathast aig faclan **aona-lideach** (m.e. *each, cearc, bròg*), agus aig faclan le **–ach**, **-an** no **-al** (m.e. *balach, eilean, Gàidheal*):

each	*na h-eich*	*ach*	*achadh nan **each***
cearc	*na cearcan*	*ach*	*taigh nan **cearc***
bròg	*na brògan*	*ach*	*bùth nam **bròg***
balach	*na balaich*	*ach*	*club nam **balach***
eilean	*na h-eileanan*	*ach*	*Comhairle nan **Eilean***
Gàidheal	*na Gàidheil*	*ach*	*Rèidio nan **Gàidheal**.*

Mar a chì thu an seo, tha an riochd seo co-ionnan ris an riochd ainmneach shingilte.

➤ Seo riochdan sònraichte eile a tha fhathast cumanta:

cù	*na coin*	*ach*	*taigh nan **con***
bean	*na mnathan*	*ach*	*taigh beag nam **ban***
caora	*na caoraich*	*ach*	*clòimh nan **caorach***

2.7.4
An t-Ainmear Iomarra san t-Suidheachadh Cheangailte

2.8 AN T-ALT CUMANTA ANNS A' CHEANGAILTE

Coimhead a-rithist air eisimpleirean den t-suidheachadh cheangailte:

làmh an dorais   *spògan a' chait*
bruach na h-aibhne   *fear na bainnse*
prìs nan ticeadan   *Comhairle nan Eilean*

Chì thu gur ann ron **dàrna ainmear** a-mhàin a tha an t-alt a' dol.

Ma bhios barrachd air dà ainmear ann còmhla, 's e am fear **mu dheireadh** a-mhàin a tha san t-suidheachadh cheangailte, agus, mar as trice, 's ann còmhla ris-san a thèid an t-alt:

*Bha mi ag obair air mullach taigh **an t-sagairt**.*
*Cha dhìochuimhnich sinn gu bràth fialaidheachd muinntir **a' bhaile** seo.*

AN SUIDHEACHADH GAIRMEACH | 2.9

Bheir sinn sùil a-nise air a' cheathramh suidheachadh, an suidheachadh **gairmeach**. Anns an t-suidheachadh seo tha cuideigin ga ghairm 's ga ainmeachadh (aig toiseach litir, mar eisimpleir):

> **A Mhòrag, a charaid!**
> Cà' robh thu, **a ghràidh**?
> Eistibh rium, **a chàirdean**!
> A bheil thu a' tighinn, **a Mhamaidh**?

2.9.1 Singilte

Tha an t-ainmear, le **a** roimhe, air a shèimheachadh. Ma tha e fireanta, tha e a' dol caol (mas urrainn dha):

> a ghrà**idh**!   a bhala**ich**!   a Dhòmhna**ill**!   a Sheuma**is**!

2.9.2 Iomarra

Dìreach mar an t-ainmear singilte, tha an t-ainmear iomarra air a shèimheachadh:

> Trobhad, a ghillean! (no 'illean)
> Eistibh rium, a chàirdean!

Gheibh thu fhathast seann riochd aig ainmearan fireanta a tha a' caolachadh san iomarra, m.e. *fear (na fir), balach (na balaich)*:

> Siuthadaibh, **fhearaibh**!   Mach à seo, **a bhalachaibh**!

> Chan eil feum air *a* ro fhuaimreig:
> Anna!   Athair!   Fhir an Taighe!

2.10 AN T-ALT PEARSANTA (mo, do, a, ...)

Gu ruige seo cha do choimhead sinn ach air an alt chumanta, a tha ag atharrachadh a rèir gnè, suidheachadh is àireamh. Ach tha altan de sheòrsa eile ann cuideachd, na h-**altan pearsanta**.

Coltach ris an alt chumanta, tha alt pearsanta a' dèanamh an ainmeir comharraichte, 's e sin bidh e a' comharradh gur e rud no duine sònraichte deimhinne a tha ann, is chan e rud no duine sam bith. Ach a bharrachd air sin, tha an t-alt pearsanta ag innse **cò leis a tha** an t-ainmear.

Tha alt pearsanta ann airson gach pearsa, agus cha bhi iad ag atharrachadh idir a rèir gnè, suidheachadh no àireamh an ainmeir. Seo iad:

mi	***mo****	*sinn*	***ar***
thu	***do****	*sibh*	***(bh)ur***
e	***a****	*iad*	***an / am***
i	***a***		

* + sèimheachadh

Seo eisimpleirean, a' sealltainn mar a bhios trì de na h-altan a' sèimheachadh:

mo	*mo mhàthair*	***ar***	*ar peathraichean*
do	*do phiuthar*	***ur***	*ur bràithrean*
a	*a bhràthair*	***am***	*am màthair*
a	*a bràthair*		

2.10.1 An t-Alt Pearsanta ro Fhuaimreig

Ro fhuaimreig, bidh *mo* is *do* a' giorrachadh, bidh *a* boireanta a' gabhail *h*, agus bidh *ar* is *bhur* a' gabhail *n*, mar seo:

m'	*m' athair*	***ar n-***	*ar n-athair*
d'	*d' athair*	***ur n-***	*ur n-athair*
a	*a athair*	***an***	*an athair*
a h-	*a h-athair*		

Mar a chì thu ann an Earrainn 6.2.2, tha e air leth cumanta na riochdairean roimhearach *agam, agad* etc., a chleachdadh leis an ainmear, an àite *mo, do,* etc:

an gèama ùr agam	seach	*mo ghèama ùr*
na brògan agad	seach	*do bhrògan*
na h-òrain aca	seach	*an òrain*

Ach tha uairean ann a tha e cudromach **gun** a bhith a' cleachdadh *agam* an àite *mo,* agus 's e sin nuair a tha thu a-mach air rud a bhuineas dhut gu dlùth, m.e. do phàrantan, no ball ded chorp (ceann, druim, cas, làmh). Mar seo, chanadh tu

mo charaid   no   *an caraid agam,*
ach an-còmhnaidh **mo mhàthair**

mo bhriogais   no   *a' bhriogais agam,*
ach an-còmhnaidh **mo cheann.**

2.10.2
mo no agam?

➤   Tha na h-altan pearsanta agus an roimhear **ann an** a' tighinn còmhla nam faclan ùra: **na mo, na do, na**, etc. (Faic Earrann 6.2.4)

➤   Nuair a thig **mo** no **do** às dèidh roimhear a tha a' crìochnachadh le **fuaimreig** *(de, do, fo, gu, le, mu, ri, tro)*, bidh iad gu math tric a' giorrachadh gu -**m** is -**d**:

An robh thu a' bruidhinn **rim** *mhàthair?*
Chan ann **led** *bhràthair a tha e.*

2.10.3
An t-Alt Pearsanta às dèidh Roimheir

CAIBIDEIL 3 | AM BUADHAIR

3.1 DE THA ANN AM BUADHAIR?

'S e tha ann am **buadhair** facal a tha a' toirt **tuairisgeul** air ainmear no riochdair, m.e.

beag   dearg   fiadhaich.

Faodaidh buadhairean seo a dhèanamh ann an dà dhòigh, le bhith **feartach** no **fiosrach**.

3.2 AM BUADHAIR FEARTACH

Canaidh sinn gu bheil am buadhair feartach nuair a tha e a' tighinn **leis an ainmear**:

*Bha **gaoth fhiadhaich** a' sèideadh fad na h-oidhche.*
*Fhuair mi **baidhsagal meirgeach**.*
*Bha **clann bheaga** a' cluich air **a' chladach thruaillte**.*
*Rinn iad **obair mhath**.*

Anns na seantansan seo tha am buadhair a' toirt tuairisgeul san dol seachad air dè seòrsa coltas no nàdar – dè am feart – a tha aig an ainmear. Dh'fhaodadh tu a thoirt às gun cron a dhèanamh air cruth an t-seantans: caillidh tu a bheag no mhòr de bhrìgh, gun teagamh, ach seasaidh an seantans fhathast air a shon sin:

Bha gaoth [ ] a' sèideadh fad na h-oidhche.
Fhuair mi baidhsagal [ ].
Bha clann [ ] a' cluich air a' chladach [ ].
Rinn iad obair [ ].

Tha am buadhair feartach ag atharrachadh a rèir gnè, àireamh is suidheachadh an ainmeir leis a bheil e (m.e. *fhiadhaich, bheaga, thruaillte, mhath*). Chunnaic sinn ann an Earrannan 2.5 agus 2.7.2 mar a bhios e ag atharrachadh.

AM BUADHAIR FIOSRACH 3.3

Nuair a bhios am buadhair na sheasamh fa leth canaidh sinn gu bheil e **fiosrach**:

*Bha a' ghaoth **fiadhaich** fad na h-oidhche.*
*Fhuair mi baidhsagal a bha **meirgeach** mun chuibhrich.*
*Bha a' chlann **beag**, agus bha iad a' cluich air cladach*
*a bha **truaillte**.*
*'S **math** an obair a rinn iad.*

An tug thu fa-near nach eil gin de na buadhairean seo sèimhichte? Cha bhi am buadhair fiosrach ag atharrachadh idir, co-dhiù tha e a' toirt tuairisgeul air ainmear fireanta no boireanta, singilte no iomarra, roimhearach no ceangailte. Chan eil e a' tighinn leis an ainmear, mar sin chan eil gnè no àireamh no suidheachadh aige idir.

Tha am buadhair fiosrach a' toirt seachad fiosrachadh a tha riatanach dhan t-seantans. Nan toireadh tu às e, cha bhiodh brìgh aig an t-seantans tuilleadh. Feuch mar eisimpleir:

Bha a' ghaoth [ ] fad na h-oidhche.
Fhuair mi baidhsagail a bha [ ] mun chuibhrich.
Bha a' chlann [ ], agus bha iad a' cluich air cladach a bha [ ].
'S [ ] an obair a rinn iad.

Chan eil na seantansan sin iomlan no ciallach idir às aonais nam buadhairean.

3.4 BUADHAIREAN FEARTACH RON AINMEAR

Mar as trice, bidh am buadhair feartach a' tighinn às dèidh an ainmeir, ach air uairean thig e roimhe, m.e.

> 'S e **fìor bhumailear** a tha ann.
> Chunnaic iad **àrd bhinnein** nan Andes air fàire.

Tha am buadhair an uair sin a' sèimheachadh an ainmeir.

Tha grunnan bhuadhairean, cuideachd, a tha an-còmhnaidh feartach (le ainmear) agus a thig an-còmhnaidh ron ainmear. 'S e iadsan:

ath	Thèid mi leam fhìn an ath thuras.
corra	Chan fhaca sinn ach corra dhuine.
deagh	'S e deagh chothrom a bhiodh ann dùthaich eile fhaicinn.
droch	Chunnaic mi droch thubaist air an rathad.
prìomh	Cò am Prìomh Mhinistear a tha againn an-dràsta?
sàr	'S e sàr dhannsair a tha ann.
seann	Tha an seann chaisteal na thobhta a-nise.

Mar a chì thu, tha na buadhairean seo a' sèimheachadh an ainmeir:

thuras   **dh**uine   **ch**othrom   **th**ubaist   **Mh**inistear
dhannsair   **ch**aisteal

Ach:

> Cha bhi **seann** a' sèimheachadh **d**, **t** no **s**:
> seann **d**oras   seann **t**aigh   seann **s**àbh.

Tha na buadhairean meudach a leanas an-còmhnaidh feartach agus ron ainmear, ach gun a shèimheachadh:

a h-uile	Chan eil a h-uile bòrd salach, a bheil?
gach	Dh'fheuch mi, ach thuit mi gach turas.
iomadach **& iomadh**	'S iomadh biast bheag a gheibh thu sa choille.

AM BUADHAIR FULANGACH 3.5

Coimhead air aon de na h-eisimpleirean a chleachd sinn ann an Earrainn 3.2:

Bha clann bheaga a' cluich air a' chladach thruaillte.

Tha *cladach truaillte* a' ciallachadh *cladach a chaidh a thruailleadh*, no *cladach a dh'fhuiling truailleadh*. 'S e **buadhair fulangach** a tha ann an *truaillte*, a tha a' cur an cèill rud a chaidh a dhèanamh.

Gus buadhair fulangach fhaighinn, bidh thu a' cur **-te** ri **freumh** a' ghnìomhair (faic Earrann 7.5). Seo eisimpleirean eile:

> briste   ceadaichte   dùinte   fosgailte   rùisgte
> sèimhichte   toirmisgte

NA CO-BHUADHAIREAN 3.6

Faodaidh tu buadhair a leasachadh le co-bhuadhair, gus a dhèanamh nas làidire no nas laige, m.e.

> *Bidh seo **dìreach** sgoinneil.*
> *Bha am film **cianail** math.*
> *Tha am bus **car** slaodach.*

Chan eil na buadhairean *dìreach* is *cianail* a' toirt tuairisgeul idir an seo: tha iad nan **co-bhuadhairean**, a' neartachadh nam buadhairean *sgoinneil* agus *math*. Seo eisimpleirean eile:

➤ co-bhuadhairean neartachaidh:

> *air leth   anabarrach   cho   eagalach   fiadhaich   fìor*
> *glè   ro   sàr   sgrathail   uabhasach   uaraidh   fhèin*

➤ co-bhuadhairean meatachaidh:

> *beagan   caran   cuimseach   meadhanach   rud beag*

3.6
(a' leantainn)

Tha **glè, fìor, sàr** is **ro** a' sèimheachadh a' bhuadhair.

*Tha an dealbh sin glè **sh**nog.*
*Tha an gèama seo fìor **mh**ath.*
*'S e boireannach sàr **bh**eairteach a tha innte.*
*Tha sibh ro **ch**oibhneil.*

Tha **fhèin** a' tighinn às dèidh a' bhuadhair, no às dèidh cuid de na co-bhuadhairean eile:

Tha an dealbh sin àlainn fhèin.
Tha am bus seo uabhasach fhèin slaodach.

Cha bhi an co-bhuadhair, no am buadhair a tha e a' leasachadh, ag atharrachadh idir a rèir gnè, àireimh no suidheachaidh:

oidhche dhorcha ach *oidhche uabhasach dorcha*
cait bheaga ach *cait cho beag*

3.7

AM BUADHAIR COIMEASACH

Tha an co-bhuadhair **cho** air a chleachdadh (le **ri**) airson coimeas co-ionann a dhèanamh eadar dà rud, m.e.

*Tha an taigh seo **cho sean ris** na cnuic.*
*Tha Steaphan **cho àrd ri** Caroline.*

Ach tha riochd coimeasach aig gach buadhair cuideachd, a tha a' cur an cèill ìre eadar-dhealaichte den bhuadhair airson coimeas nach eil co-ionann:

*Tha an taigh seo nas **sine** na na cnuic.*
*Tha Steaphan nas **àirde** na Caroline.*

'S e **buadhairean coimeasach** a tha ann an *sine* agus *àirde*.

Mar as trice gheibh thu an riochd coimeasach a tha aig gach buadhair le bhith **ga chaolachadh**, mas urrainnear. (Tha e coltach, mar seo, ris an riochd cheangailte a chunnaic sinn ann an Earrann 2.5). A bharrachd, tha **-e** air a chur ris.

3.7.1
Riochdan Coimeasach

Seo eisimpleirean:

àrd	>	(n)as **àirde**
làidir	>	(n)as **treasa** [cuideachd (n)as **làidire**]
cinnteach	>	(n)as **cinntiche**
dearg	>	(n)as **deirge**
donn	>	(n)as **duinne**
fliuch	>	(n)as **fliuiche/fliche**
fuar	>	(n)as **fhuaire**
garbh	>	(n)as **gairbhe**
geal	>	(n)as **gile**
gorm	>	(n)as **guirme**
òg	>	(n)as **òige**
salach	>	(n)as **salaiche**
sean	>	(n)as **sine**
teann	>	(n)as **teinne**
ùr	>	(n)as **ùire**

Chan eil cuid de na buadhairean as cumanta sa chànan a' leantainn a' phàtrain seo, ge-tà. Seo na riochdan sònraichte acasan:

math	>	(n)as **fheàrr**
dona	>	(n)as **miosa**
mòr	>	(n)as **motha/mò**
beag	>	(n)as **lugha** [cuideachd (n)as **bige**]
fada	>	(n)as **fhaide**
goirid	>	(n)as **giorra**
furasta	>	(n)as **fhasa** [cuideachd (n)as **fhurasta**]
duilich	>	(n)as **dorra** [cuideachd (n)as **duilghe**]
teth	>	(n)as **teotha**

> Mothaich gu bheil buadhairean le **f+fuaimreag** sèimhichte:
> nas **fh**aide   nas **fh**eàrr   nas **fh**iadhaiche
> nas **fh**oiseile   nas **fh**uaire

CAIBIDEIL 3

3.7.2
as no nas?

Bidh am buadhair coimeasach a' tighinn le **as** no **nas** roimhe. Cò fear a bu chòir a chleachdadh?

➤ Còmhla ri **ainmear**

Nuair a tha am buadhair còmhla ri ainmear ('s e sin feartach), 's e **nas** a tha air a chleachdadh airson rud **neo-chomharraichte**, agus **as** airson rud **comharraichte**:

baile nas motha	ach	*am baile as motha*
pìobaire nas òige	ach	*am pìobaire as òige*
biadh nas fheàrr	ach	*am biadh as fheàrr*

➤ Còmhla ri **'S e** no **'S i**

Mar as trice, 's e **as** a tha air a chleachdadh ann an seantans le **'s e** no **'s i**:

*'S e Chrissie a' phiuthar **as sine**.*
*'S i **as sine**.*
*'S e Pòl **as duibhe** den dithis.*
*'S e iadsan **as luaithe**.*

Ach ma bhios ainmear neo-chomharraichte ann, tha feum air **nas**:

*'S e actair **nas òige** a tha sinn ag iarraidh.*
*Tha deoch **nas mìlse** agam an seo.*

➤ Uair sam bith eile, 's e **nas** a tha air a chleachdadh:

*Tha i a' faireachdainn **nas fheàrr**.*
*Tha e a' coimhead **nas toilichte** an-diugh.*
*Tha am film seo **nas fhaide** na a' chiad fhear.*

Ged as e **ri** a tha air a chleachdadh ann an coimeas co-ionann (*cho … ri*), feumar **na** airson coimeas nach eil co-ionann, mar eisimpleir:

*Tha am film seo nas fhaide **na** a' chiad fhear.*
ach: *Chan eil am film seo cho fada **ris** a' chiad fhear.*

> Taobh a-staigh **as** is **nas** tha an gnìomhair **IS** am falach. Mar seo, anns na tràithean seachad no cùmhnantach, bu chòir do *(n)as* a dhol gu *(n)a bu*:
>
> *'S e Chrissie a' phiuthar **a bu** shine.*
> *Ruith an sgioba agadsa fada **na bu** luaithe.*
>
> no *(n)a b'* ro fhuaimreig:
>
> *Chluich am pìobaire **a b'** òige san dùthaich.*
> *Bha an dàrna film **na b'** fhaide na a' chiad fhear.*

Mothaich gu bheil **'s e … as** air a chleachdadh cuideachd ro ghnìomhair gus **gnìomh** a chur an cèill a tha aig sàr ìre, m.e.

'S e Pauline a bu luaithe a ruith.
Ruith Pauline na bu luaithe na duine sam bith eile.

'S e Aonghas as àirde a tha a' seinn.
Tha Aonghas a' seinn nas àirde na duine sam bith eile.

('S e) Seo an rocaid as fhaide a shiubhail riamh.
Shiubhail i na b' fhaide na rocaid sam bith eile.

3.7.3
Tuilleadh air
'S e … as …

NA CUNNTAIREAN

3.8

Tha seòrsa buadhair eile a tha a' tighinn ron ainmear, agus 's e sin **na cunntairean**. Tha cunntairean **àrdail** ann, agus cunntairean **òrdail**.

Tha na cunntairean **àrdail** ag innse **cia mheud** rud no duine a tha ann:

còig leabhraichean   trithead each   ceud bogsa

3.8.1
Ardail is Ordail: 1-20

Tha na cunntairean **òrdail** ag innse dè an t-àite a tha aig aon rud no duine ann an **òrdugh**:

an còigeamh leabhar   an tritheadamh each   an ceudamh bogsa

Seo liosta de na cunntairean àrdail is òrdail gu ruige fichead:

		Ardail	Ordail
1	*(a h-aon)*	aon mhuc	a' chiad mhuc
2	*(a dhà)*	dà mhuc	an dàrna / dara muc
3	*(a trì)*	trì mucan	an treas / trìtheamh muc
4	*(a ceithir)*	ceithir mucan	an ceathramh muc
5	*(a còig)*	còig mucan	an còigeamh muc
6	*(a sia)*	sia mucan	an siathamh muc
7	*(a seachd)*	seachd mucan	an seachdamh muc
8	*(a h-ochd)*	ochd mucan	an t-ochdamh muc
9	*(a naoi)*	naoi mucan	an naoidheamh muc
10	*(a deich)*	deich mucan	an deicheamh muc
11	*(a h-aon deug)*	aon mhuc dheug	an t-aona mhuc dheug
12	*(a dhà dheug)*	dà mhuc dheug	an dàrna / dara muc dheug
13	*(a trì deug)*	trì mucan deug	an treas / trìtheamh muc dheug
14	*(a ceithir deug)*	ceithir mucan deug	an ceathramh muc dheug
15	*(a còig deug)*	còig mucan deug	an còigeamh muc dheug
16	*(a sia deug)*	sia mucan deug	an siathamh muc dheug
17	*(a seachd deug)*	seachd mucan deug	an seachdamh muc dheug
18	*(a h-ochd deug)*	ochd mucan deug	an t-ochdamh muc dheug
19	*(a naoi deug)*	naoi mucan deug	an naoidheamh muc dheug
20	*(fichead)*	fichead muc	am ficheadamh muc

Thoir an aire:

DA

- Tha an t-ainmear **singilte**:

    dà chat
    dà dhoile
    dà thaigh
    dà uair

- Tha *dà* a' sèimheachadh an ainmeir, **agus** buadhair sam bith a tha còmhla ris (ma ghabhas iad sèimheachadh):

    dà chat dhubh
    dà dhoile bheag
    dà thaigh mhòr
    dà uair dheug

- Bidh ainmearan boireanta uaireannan a' caolachadh le *dà* (coltach ris an riochd roimhearach):

    *dà **chois***   seach   *dà chas*
    *dà **chluais*** seach   *dà chluas*
    *dà **làimh***   seach   *dà làmh*

3.8.1
Ardail is Ordail: 1-20
(a' leantainn)

Puingean sònraichte eile:

➤ Bidh **aon** agus **a' chiad** a' sèimheachadh an ainmeir. Ge-tà cha ghabh **d, t,** no uaireannan **s**, an sèimheachadh leotha:

aon **ch**at   aon **mh**ìos   a' chiad **bh**oireannach   a' chiad **fh**ear
ach
aon **d**uilleag   aon **t**unnag   aon **s**(h)earrach   a' chiad **t**uras

➤ Bidh am buadhair **deug** a' tighinn às dèidh an ainmeir:

trì seachdainean deug
naoi mionaidean deug
dà chù dheug

Thèid a shèimheachadh coltach ri buadhair sam bith eile, m.e.

muc **mh**òr   aon mhuc **dh**eug *
balaich **mh**òra   còig balaich **dh**eug
dà chù **dh**ubh   dà chù **dh**eug

(* **Ach:** aon uair **d**eug, uaireannan ged a tha uair boireanta.)

➤ Tha ainmearan tomhais (ùine, prìs, cuideam, faide, 's mar sin) buailteach a bhith singilte le cunntair sam bith, m.e.

bliadhna   Bha iad ceithir bliadhna san Fhraing.
sgillin   Tha na tiocadan deich sgillin an urra.
mìle   Choisich sinn còig mìle deug.

➤ Agus, mu dheireadh, cuimhnich gu bheil an t-ainmear às dèidh *cia mheud* singilte:

Cia mheud bòrd a chuireas sinn a-mach?
Cia mheud duine a chunnaic thu?

Seo a-nise eisimpleirean de na cunntairean os cionn fichead, àrdail is òrdail:

3.8.2 Àrdail is Òrdail: thairis air 20

	Àrdail	Òrdail
23	fichead 's a trì mucan	am ficheadamh muc 's a trì
31	trithead 's a h-aon mucan	an tritheadamh muc 's a h-aon
45	ceathrad 's a còig mucan	an ceathradamh muc 's a còig
57	caogad 's a seachd mucan	an caogadamh muc 's a seachd
64	seasgad 's a ceithir mucan	an seasgadamh muc 's a ceithir
72	seachdad 's a dhà mucan	an seachdadamh muc 's a dhà
86	ochdad 's a sia mucan	an t-ochdadamh muc 's a sia
98	naochad 's a h-ochd mucan	an naochadamh muc 's a h-ochd
109	ceud 's a naoi mucan	an ceudamh muc 's a naoi
3000	trì mìle muc	an trì mìleamh muc
1000000	millean muc	am milleanamh muc

CAIBIDEIL 3

3.8.3
Ardail is Ordail:
an siostam ficheadach

Cuimhnich gur e siostam cunntaidh **ficheadach** a tha air a bhith aig na Gàidheil gu deireadh na ficheadamh linn, agus gu bheil an dòigh-cunntaidh seo fhathast cumanta. Seo ma-thà na h-aon chunntairean àrda a chunnaic sinn shuas air an cur an cèill anns an t-seann siostam fhicheadach:

	Ardail	Ordail
23	fichead muc 's a trì	an treas muc ar fhichead *
	trì mucan ar fhichead *	
31	fichead muc 's a h-aon deug	an t-aona muc dheug ar fhichead
	aon mhuc dheug ar fhichead	
45	dà fhichead muc 's a còig	an dà fhicheadamh muc 's a còig
57	dà fhichead muc 's a seachd deug	an dà fhicheadamh muc 's a seachd deug
	lethcheud muc 's a seachd	an lethcheudamh muc 's a seachd
64	trì fichead muc 's a ceithir	an trì ficheadamh muc 's a ceithir
72	trì fichead muc 's a dhà dheug	an trì ficheadamh muc 's a dhà dheug
86	ceithir fichead muc 's a sia	an ceithir ficheadamh muc 's a sia
98	ceithir fichead muc 's a h-ochd deug	an ceithir ficheadamh muc 's a h-ochd deug

* Eadar 21 agus 30, gheibhear *fichead* an àite *ar fhichead*, m.e. *trì mucan fichead*, *an treas muc fichead*.

Tha ainmearan cunntaidh ann a tha a' comharrachadh buidhnean dhaoine, bho dhà gu deich. Mar a chì thu sa chlàr, tha an t-ainmear às an dèidh iomarra agus san t-suidheachadh cheangailte:

3.8.4 Na h-Ainmearan Cunntaidh

2	**dithis**	dithis mhac
3	**triùir**	triùir pheathraichean
4	**ceathrar**	ceathrar bhoireannach
5	**còignear**	còignear ghillean
6	**sianar**	sianar bhàrd
7	**seachdnar**	seachdnar shaor
8	**ochdnar**	ochdnar chroitearan
9	**naoinear**	naoinear dhotairean
10	**deichnear**	deichnear chloinne

CAIBIDEIL 4 | AN CO-GHNÌOMHAIR

'S e an **co-ghnìomhair** facal no abairt a tha ag innse dhuinn barrachd mu dhèidhinn gnìomh a' chlàsa.

4.1 **ÙINE, MODH, ÀITE IS EILE**

Tha an co-ghnìomhair a' toirt fiosrachadh air **cuin**, **ciamar**, **càite**, **carson** no **dè 'n uimhir**. Seo eisimpleirean de gach seòrsa:

ùine (cuin?):

an-ceartuair
an-diugh
tràth
a-rithist
gu bràth
gun dàil
mu thràth

modh (ciamar?):

gu cruaidh
gu grad
gu mòr
gu h-obann
gu socair
gu toileach

àite (càite?):

an seo
thall
a-null
a-staigh
air ais
an-àird
mu thuath
sìos

adhbhar (carson?):

le sin
mar seo
uime sin

ìre (dè 'n uimhir?):

beagan
cus
idir
mòran
rud beag

'S e na co-ghnìomhairean **ùine, modha** 's **àite** as pailte sa chànan. Chì thu bhon liosta gur e buadhairean as motha a tha a' dèanamh nan co-ghnìomhairean modha, le **gu**. Ma thèid an leasachadh le co-bhuadhairean, bidh iad a' call *gu*:

Dh'fhalbh iad gu luath.
ach
Dh'fhalbh iad fìor luath.

Tha thu a' coimhead gu math.
ach
Tha thu a' coimhead cho math.

4.2 GLUASAD, LATHAIREACHD IS COMHAIR

Am measg nan co-ghnìomhairean **àite** tha feadhainn ann a tha a' dèanamh diofar eadar gluasad **gu àite** agus làthaireachd **ann an àite**. Mar eisimpleir:

GU AITE	ANN AN AITE
suas	**shuas**
Thèid sinn **suas** an staidhre.	Tha mo phiuthar **shuas**.
sìos	**shìos**
Nach cuir thu **sìos** e?	Tha iad **shìos** anns a' phàirc.
a-nall	**a-bhos**
Cuin a thàinig iad **a-nall**?	Tha Paulo **a-bhos** airson mìos.
a-null	**thall**
Thèid mi **a-null** thairis am bliadhna.	Bha mi a' fuireach **thall** thairis.
a-mach	**a-muigh**
Thalla **a-mach** à seo!	Bidh mi a' feitheamh **a-muigh**.
a-steach	**a-staigh**
Nach deach sibh **a-steach**?	Dh'fhan mi **a-staigh**.

Tuigidh tu bho na h-eisimpleirean cuideachd gu bheil diofar **comhair** eadar *a-null* agus *a-nall*. Tha *a-null* a' comharrachadh gluasad **air falbh** bhon àite sa bheil thu, agus *a-nall* a' comharrachadh gluasad **a dh'ionnsaigh** an àite sa bheil thu:

> *Nuair a bhios tusa air a' phlèana **a-nall** a dh'Alba,*
> *bidh mise air a' bhàta **a-null** dhan Fhraing.*

B' àbhaist gu robh diofar comhair cuideachd eadar na co-ghnìomhairean *a-nuas* (sìos gam ionnsaigh) agus *a-nìos* (suas gam ionnsaigh). Chan eil *a-nìos* idir cho cumanta 's a bha e, ge-tà, agus cleachdaidh daoine *a-nuas* airson gluasad **sìos no suas**:

> *Thig a-nuas gam fhaicinn – tha mi air an fhicheadamh ùrlar.*

- San latha an-diugh 's tric a chleachdas daoine *a-staigh* airson gluasad *a-steach*:

    Thigibh a-staigh, a chlann!

- Ann an cuid de cheàrnaidhean bithear a' cleachdadh ***a-bhàn*** an àite *sìos* is *shìos*:

    Dh'fhalbh Iseabal a-bhàn a dh'fhaicinn dè bha ceàrr.

    Bidh iad a-bhàn anns a' ghàrradh.

CAIBIDEIL 5 | AN RIOCHDAIR

5.1 DE THA ANN AN RIOCHDAIR?

'S e an **riochdair** facal a tha a' riochdachadh ainmear, 's e sin a' seasamh na àite.

Gu math tric 's e duine a bhios e a' riochdachadh. Ma tha thu a' bruidhinn ort fhèin, mar eisimpleir, canaidh tu **mi** *(rinn mi siud, chunnaic mi seo)* seach a bhith a' cleachdadh d' ainm fhèin. Tha an riochdair na dhòigh ghoirid air bruidhinn air duine.

Seo eisimpleir eile: *Chuala i sin roimhe.*

Tha *i* a' riochdachadh tè shònraichte ('s dòcha *a' chailleach*, no *Anna*, no *mo phiuthar*, no *an nighean*), agus tha *sin* a' riochdachadh naidheachd no fuaim sònraichte. Tha diofar seòrsa riochdairean ann, agus bheir sinn sùil orra, seòrsa mu seach.

5.2 NA RIOCHDAIREAN PEARSANTA

'S e an seòrsa riochdair as cumanta **na riochdairean pearsanta**, a tha a' riochdachadh dhaoine no, cuid aca, rudan. Bidh iad a' cur an cèill trì 'pearsannan', singilte agus iomarra:

	singilte	iomarra
1	**mi**	**sinn**
2	**thu**	**sibh**
3	**e i**	**iad**

1 a' chiad phearsa: an duine a tha a' bruidhinn, na aonar *(mi)* no le daoine eile *(sinn)*.

2 an dàrna pearsa: an duine *(thu)* no na daoine *(sibh)* ris a bheilear a' bruidhinn. Tha *sibh* air a chleachdadh cuideachd gus meas a shealltainn do dhuine a tha nas sine no nach aithne dhut gu math.

3 an treas pearsa: am fear *(e)*, an tè *(i)*, agus na daoine *(iad)* – no an rud agus na rudan – air a bheilear a' bruidhinn.

Faodaidh na riochdairean pearsanta a bhith nan cùisear no nan cuspair (faic Earrann 7.1), m. e.

	cùisear	cuspair
Chunnaic	*e*	*sinn*
Chunnaic	*sinn*	*e*

Gu math tric, nuair a tha e na chuspair, bidh an riochdair sìmplidh air a phutadh sìos an seantans gus nach bi e ri taobh a' chùiseir:

	cùisear		cuspair
Chunnaic	*e*	*sa phàirc*	*sinn*
Chunnaic	*sinn*	*an-dè*	*e*

THU ➤ TU

Bidh *thu* a' dol gu **tu** às dèidh

◆ **An gnìomhair IS no BU**
Is tu an nighean! Nach tu an gille! Am bu tusa a bh' ann?

◆ ***gur , nach*** no ***an***
Chuala mi gur tusa rinn e. Nach tu an gille! An tusa a rinn e?

◆ ***faca*** is ***c(h)uala***
Am faca tu sàbh an t-saoir? Chuala tu cus.

◆ **-as**
Dè ghabhas tu? Ciamar a chanas tu sin? Chunnacas tu sa bhaile.

◆ **-adh**
Dè chanadh tusa? Bhiodh tu ceart. Nach do rugadh tu an Albainn?

◆ **-idh**
Tuigidh tu an uair sin. Seinnidh tusa an toiseach.

Ach gheibh thu cuideachd … *bidh* **thu**.

5.3 NA RIOCHDAIREAN ROIMHEARACH

Nuair a tha na riochdairean pearsanta a' dol le roimhear sìmplidh, bidh iad mar as trice a' dèanamh fhaclan ùra, m.e.

aig	+	mi	>	**agam**
air	+	mi	>	**orm**
ri	+	mi	>	**rium**

Gheibh thu na **riochdairean roimhearach** seo uile ann an Caibideil 6, fo gach roimhear.

5.4 IOMSGARADH

Airson iomsgaradh, no diofar, a dhèanamh eadar daoine, no cudrom a chur air duine, bidh na riochdairean pearsanta a' dol gu:

	singilte	iomarra
1	*mise*	*sinne*
2	*thusa*	*sibhse*
3	*esan ise*	*iadsan*

Mar eisimpleir:
*Tha **mise** sgìth - nach eil **sibhse**?*
*Bha mi aig a' chonsart - an robh **thusa** ann?*

Tha riochdan iomsgarach aig na riochdairean roimhearach cuideachd. Seo na deiridhean iomsgarach acasan:

	singilte	iomarra
1	*-sa*	*-e*
2	*-sa*	*-se*
3	*-san -se*	*-san*

Mar eisimpleir:

1	ormsa		oirnne
2	ortsa		oirbhse
3	airsan	oirrese	orrasan

1	leamsa		leinne
2	leatsa		leibhse
3	leis-san	leathase	leothasan

◆ Faodaidh tu na deiridhean iomsgarach a chleachdadh cuideachd le **mo, do**, etc agus **ainmear**. Thoir an aire gu bheil tàthan (-) eadar an t-ainmear 's an deireadh, agus gur e **-ne** a tha a' dol le *ar* (a' chiad phearsa iomarra):

1	mo chòta-sa		ar còta-ne
2	do chòta-sa		ur còta-se
3	a chòta-san	a còta-se	an còta-san
1	m' athair-sa		ar n-athair-ne
2	d' athair-sa		ur n-athair-se
3	a athair-san	a h-athair-se	an athair-san

Seo eisimpleirean eile, le gnìomh-ainmear *(a' fàgail)*, agus le roimhear fillte *(ri taobh)*:

1	gam fhàgail-sa		gar fàgail-ne
2	gad fhàgail-sa		gur fàgail-se
3	ga fhàgail-san	ga fàgail-se	gam fàgail-san
1	ri mo thaobh-sa		ri ar taobh-ne
2	ri do thaobh-sa		ri ur taobh-se
3	ri a thaobh-san	ri a taobh-se	ri an taobh-san

5.5 NA RIOCHDAIREAN SONRACHAIDH: *seo sin siud*

Tha na **riochdairean sònrachaidh** a' riochdachadh rud(an) no duine (daoine) sònraichte, mar gum biodh tu a' comharrachadh le do chorraig:

*Tha mi ag iarraidh **seo**.*
*Dè tha **siud**? **Sin** an gèama ùr agam.*
***Sin** an nighean a bha a' bruidhinn rium.*

Mar a chì thu san treas eisimpleir faodaidh riochdair sònrachaidh a thighinn aig toiseach na seantans, an àite *'s e*, gus rud no duine a thaisbeanadh. Gu math tric thig e le *agad* no *agaibh*:

Seo agaibh Màrtainn a' tighinn.
Siud agad an eaglais as sine san dùthaich.

Faodaidh *seo, sin, siud* cuideachd a bhith nam **buadhairean**:

◆ le ainmear comharraichte (ainmear le alt)

    *Tha mi ag iarraidh **na briogais seo**.*
    *Bha mi ag innse dhut **mun nighinn sin**.*

◆ le riochdair san treas pearsa (*e, i* no *iad; aige, aice* no *aca*, etc).

    *Is fìor thoigh leam **iad sin**.*
    *Leigidh sinn **leotha seo** falbh, ach cumaidh sinn esan.*

'S e **ud** an riochd buadhaireach aig *siud*:

    *Dè **an gèama ud** a thug thu a-staigh an latha reimhid?*

NA RIOCHDAIREAN DAIMHEACH: *a an na* — 5.6

5.6.1 *a*

Tha an riochdair beag **a** a' riochdachadh ainmear (rud no duine) a tha a' tighinn nas tràithe san t-seantans, ann an clàs eile, ach aig a bheil dàimh ris a' chlàs aige fhèin. Thoir sùil, mar eisimpleir, air na seantansan seo:

> *An e seo an duine a chunnaic thu?*
> *Chuala mi an clàr a bha thu a' moladh dhomh.*

Anns gach seantans tha dà chlàs, agus ainmear anns a' chiad (prìomh) chlàs aig a bheil dàimh ris an dàrna clàs (an clàs dàimheach). 'S e an t-ainmear sin (*duine* agus *clàr*) am **bunfhacal**.

1	2
An e seo <u>an duine</u>	*a chunnaic thu?*
Chuala mi <u>an clàr</u>	*a bha thu a' moladh dhomh.*

Anns gach seantans, tha an clàs dàimheach (2), coltach ri buadhair, ag innse mun a' bhunfhacal, agus 's e an riochdair **a** a tha gan ceangal. Tha an gnìomhair às dèidh **a** mar as trice san t-suidheachadh dhàimheach (faic Earrann 7.3.2):

> *Gheibh thu rud sam bith a **bhios** tu ag iarraidh*
> *An e seo an duine a **chunnaic** thu?*
> *Chuala mi an clàr a **bha** thu a' moladh dhomh.*

Bidh an riochdair **a** cuideachd a' nochdadh ann an abairtean leithid *ciamar a, cuin a, carson a* agus *mar a*.

5.6.2 an / am (le roimhear)

Tha an riochdair **an** (**am** ro *b, f, m* no *p*) cuideachd a' riochdachadh bunfhacal a tha roimhe san t-seantans, agus a' dèanamh ceangal eadar am bunfhacal agus am fo-chlàs, ach tha e a' tighinn le **roimhear**.

	1	2
	An e sin <u>an tè</u>	***ris an** robh thu a' bruidhinn?*
	Bidh <u>triùir</u> an seo	***aig am** bi fòn luaineach.*

Thoir an aire dhan riochd a tha aig gach roimhear le *an/am*:

aig: **aig an**	*air:* **air an**	*ann an:* **anns an** no **san**
à: **às an**	*bho:* **bhon**	*do:* **don** no **dhan**
de: **d(h)en**	*fo:* **fon**	*gu:* **gun**
le: **leis an**	*ri:* **ris an**	

Bidh an gnìomhair às dèidh an riochdair **an** mar as trice san t-suidheachadh leasaichte (faic Earrann 7.3.3):

> *An e sin an tè ris an* **robh** *thu a' bruidhinn?*
> *Tha triùir an seo aig a* **bheil** *fòn luaineach.*
> *Càite bheil an gille dhan* **tug** *i an t-airgead?*

Thoir fa-near gur e **a bheil** (agus *ris a bheil, aig a bheil,* etc) as trice a bhios sgrìobhte seach *am bheil*.

> Tha dòigh eile ri fhaighinn air na clàsan dàimheach le roimhear, anns a bheil an roimhear a' tighinn aig an deireadh:
>
> *An e sin an tè a bha thu a' bruidhinn* **rithe**?
> *Tha triùir an seo a tha fòn luaineach* **aca**.
> *Càite bheil an gille a thug i an t-airgead* **dha**?
>
> Chì thu gu bheil an riochdair roimhearach *(rithe, aca, dha)* ag aontachadh leis a' bhunfhacal a thaobh gnè is àireamh *(tè, triùir, gille)*.

'S e riochdair dàimheach sònraichte a tha ann an **na**, aig nach eil bunfhacal uair sam bith, ach a tha an-còmhnaidh a' riochdachadh *"an rud/na rudan"* no *"an uiread"*.

5.6.3
na

◆   **an rud a**:

   An cuala tusa na chuala mise?
   Tha mi a' tuigsinn a-nise na bha thu a' ràdh.

◆   **an uiread a** (leis an roimhear **de**):

   Nam faiceadh tu na tha de rumannan ann!
   Tha mi a' faireachdainn bochd leis na dh'ith mi de theoclaid.

Tha *na* air a chleachdadh cuideachd ann an ceannachd:

   Dè na tha sin?   = *Dè a' phrìs a tha sin?*

CAIBIDEIL 6 | AN ROIMHEAR

6.1

DÈ THA ANN AN ROIMHEAR?

'S e an **roimhear** facal no abairt a tha a' tighinn ron a' bhuidheann ainmearach, gus innse cuin, ciamar, càite no carson a thachair an gnìomh, mar sheòrsa de cho-ghnìomhair mòr. Anns na seantansan a leanas, mar eisimpleir, 's e roimhearan a tha anns na faclan (no abairtean) ann an clò trom uile:

*Chaidh mi **dhan** amar snàimh **anns** a' mhadainn **còmhla ri** Alice.*
*Cha d' fhuair sinn a-mach **air** a' bhàta **air sàillibh** na droch thìde.*
*An seas thu **air beulaibh** an dorais **airson** mionaid?*

Bheir sinn sùil an toiseach air na roimhearan sìmplidh (na roimhearan goirid), agus an uair sin air an fheadhainn as fhaide, na roimhearan fillte.

6.2

NA ROIMHEARAN SÌMPLIDH

Bidh a' mhòr-chuid dhe na roimhearan sìmplidh a' cur an ainmeir (no a' bhuidheann ainmearach) san t-suidheachadh roimhearach, m.e.

an t-amadan mòr	ach	***aig** an amadan mhòr*
an nighean bheag	ach	***leis** an nighinn bhig*

'S e an rud as sònraichte mun a' mhòr-chuid de na roimhearan sìmplidh gum bi iad a' dol nam faclan ùra nuair a thig iad leis na riochdairean pearsanta (*mi, thu,* etc). An àite a bhith a' ràdh, mar eisimpleir, *aig mi* no *air mi* no *ann am mi,* canaidh sinn

agam **orm** agus **annam**.

'S e na **riochdairean roimhearach** a chanas sinn ris na faclan ùra seo. Seo na roimhearan sìmplidh aig a bheil riochdairean:

à	*aig*	*air*	*ann an*	*(bh)o*	*de*	*do*
fo	*gu*	*le*	*mu*	*ri*	*ro*	*tro*

Bheir sinn sùil air gach roimhear mu seach, agus air a chuid riochdairean roimhearach. Ma bhios barrachd air aon seagh aige, ainmichidh sinn na dòighean as cumanta air gach roimhear a chleachdadh. A bharrachd, ann an Earrainn 6.5, gheibh sibh cuid de na gnàthasan cainnt anns a bheil na roimhearan gan cleachdadh.

Na riochdairean roimhearach:

6.2.1
A

mi	**asam**	sinn	**asainn**
thu	**asad**	sibh	**asaibh**
e	**as**	iad	**asta**
i	**aiste**		

Bidh *A* a' comharrachadh:

(a) gluasad air falbh, a-mach

Thàinig iad à New York an-diugh fhèin.
Ghabh am mathan beag a chiad cheum às an uaimh.

(b) buntanas do àite

Cò às a tha sibh?
Tha mise à Peairt, ach 's ann à Uig a tha mo mhàthair.

Bidh *à* a' dol gu **às**

➤ ron **alt** no ro **gach**
Thig iad às na ceithir àirdean, às gach coille 's gach craoibh.

➤ ro **mo**, **do**, etc (na buadhairean seilbheach)
Bha mi a' dol às mo chiall le sgreuchail nam faoileagan.

➤ air uairean ro **fhuaimreag**
'S ann às Ameireaga a tha REM, às Eirinn a tha U2 agus às Alba a tha Runrig.

6.2.2 AIG

Na riochdairean roimhearach:

mi	**agam**	sinn	**againn**
thu	**agad**	sibh	**agaibh**
e	**aige**	iad	**aca**
i	**aice**		

Bidh *AIG* a' comharrachadh:

(a) àite

> *Dh'fhuirich sinn aig doras an disco.*
> *Tha i ag obair aig a' Chomhairle.*
> *Bidh e a' fuireach againne gum faigh e taigh dha fhèin.*

(b) ùine

> *Chì mi thu aig a seachd.*

(c) seilbh (leis a' ghnìomhair *BI*)

> *Tha bàll ùr agam.*
> *Bha dà òr-iasg aig Rob, agus radan geal aig Màiri.*
> *Nach eil càr aig duine sam bith an seo?*

Seilbh

A bharrachd air a' ghleus sheilbheach **THA** … **AIG** … ann an (c) shuas, tha gleus eile a tha air leth cumanta:

an lèine ùr agam	airson	*mo lèine ùr*
an cat agad	airson	*do chat*

Tha *agam* is *agad* an seo a' dol leis an ainmear, mar bhuadhair feartach. Seo eisimpleirean eile, le *aig* + ainmear:

an gèama aig a' bhalach	airson	*gèama a' bhalaich*
an còta aig Anna	airson	*còta Anna*

Ach … an aire!

Cuimhnich gu bheil ainmearan ann far a bheil *mo, do,* etc. nas fheàrr na *agam, agad*, m.e.

màthair	Seo do mhàthair a' tighinn.
athair	Bha h-athair a-muigh.
ceann	Tha mo cheann na bhrochan.

(Faic Earrann 2.10.2)

6.2.3 AIR

Na riochdairean roimhearach:

mi	**orm**	sinn	**òirnn**
thu	**ort**	sibh	**oirbh**
e	**air**	iad	**orra**
i	**oirre**		

Bidh *AIR* a' comharrachadh:

(a) àite

Chunnaic mi cuideigin shuas air a' chnoc.
Cha robh i riamh air a' Ghàidhealtachd.

(b) ùine

Tha mo cho-là-breith air a' 5mh den Ogmhìos.
Bidh a' chomhachag a' sealg air an oidhche.

(e) coltas

Bha lèine uaine is briogais phinc oirre.
Cuir ort do bhrògan ùra.
Tha falt bàn air.
Shaoileadh tu nach robh ach aon chas air a' chorra-ghrithich.
Dè an dath a tha air an rùm agad?
Tha droch choltas ort – a bheil thu tinn?

(f) faireachdainn

An robh deagh thriom oirre nuair a chunnaic thu i?
Bha deagh shunnd orm mus tàinig sibh.
Tha cianalas / an t-eagal / fearg / an cuthach orm.

(c) rud a tha thu a' fulang

Dè tha ceàrr ort?
Tha an t-acras / an cnatan / am pathadh / an tùchadh orm.
Ghoid iad camara orm.

(d) ainm

Dè an t-ainm a tha air an each seo?
'S e Prionnsa a tha againne air.

Roimhearan eile le *air*:	
a bharrachd air	Ghabh iad òrain eile a bharrachd orra seo.
a thuilleadh air	Cha chuala mi dad a thuilleadh air na thuirt mi.
faisg air	Bheil sinn faisg air ar ceann-uidhe fhathast?
seachad air	Chaidh iad seachad oirre gun fhios.
tarsainn air	An tèid sinn tarsainn air an drochaid ròpa?
thairis air	Sgaoil solas na grèine thairis air a' ghleann.
timcheall air	Tha timcheall air ceud cearc mun cuairt orm.
mun cuairt air	Tha mun cuairt air ceud cearc timcheall orm.

CAIBIDEIL 6

6.2.4
ANN AN (no ***AM***)

Na riochdairean roimhearach:

mi	**annam**	sinn	**annainn**
thu	**annad**	sibh	**annaibh**
e	**ann**	iad	**annta**
i	**innte**		

Bidh *ANN AN* a' comharrachadh:

(a) àite

Tha m' antaidh a' fuireach ann an Inbhir Nis.
Rugadh i anns an Eilean Sgitheanach.

(b) ùine

Thog iad an taigh ann an deich làithean.
Thèid sinn air làithean-saora anns an Iuchair.

(c) nàdar duine no obair

Chan eil ann am Bart ach bleigeart beag!
'S e dotair fìor mhath a th' innte.
'S e creutairean millteach a th' anns na fèidh.

(Faic Earrann 7.19.2)

➤ Bidh *ann an* a' dol gu **ann am** ro **b, f, m, p**:
  Tha mo cheann ann am brochan.

➤ Bidh *ann an* a' dol gu **anns** ron **alt chumanta** no ro **gach**:
  A bheil mo spèileabhòrd anns a' phreas?
  Tha ceithir dusan pacaid anns gach bogsa.

➤ Gu math tric gheibh thu **sa (san)** airson *anns a' (anns an)*:
  A bheil mo spèileabhòrd sa phreas?
  Rugadh i san Eilean Sgitheanach.

Ann an agus mo, do,...

➤ Nuair a thig **ann an** agus na h-altan pearsanta **mo, do**, etc, còmhla, bidh iad a' dol gu riochdan ùra, mar a leanas:

mo	**na mo / nam / am** §	ar	**nar (n-)** *
do	**na do / nad / ad** §	bhur	**nur (n-)** *
a*	**na** §	an	**nan**
a	**na (h-)** *		

§ sèimheachadh

* h- / n- ro fhuaimreag

Mar eisimpleir:
> Fhuair mi luchag na mo phòcaid.
> Tha mi fada nan comain airson na rinn iad.

➤ Tha na riochdan seo air an cleachdadh cuideachd

(a) gus innse dè tha ann an neach no rud
> Tha ise na dotair, agus tha esan na fhear smàlaidh.
> (Faic Earrann 7.20)

(b) le grunn ghnìomh-ainmearan, m.e. **suidhe, laighe, cadal**:
> Bha am moncaidh na shuidhe air an t-sòfa.
> (Faic Earrann 7.12.1)

6.2.5
BHO (no *O*)

Na riochdairean roimhearach:

mi	**(bh)uam**	sinn	**(bh)uainn**
thu	**(bh)uat**	sibh	**(bh)uaibh**
e	**(bh)uaithe**	iad	**(bh)uapa**
i	**(bh)uaipe**		

Bidh *(BH)O* a' comharrachadh:

(a) ùine:

Bidh an sgoil dùinte bho dheireadh na seachdain gu meadhan an ath mhìos.

(b) cò às a thàinig no cò às an d' fhuaireadh rud no duine:

Fhuair mi preusant o mo bhràthair.

➤ Tha *(bh)o* a' **sèimheachadh** an ainmeir:

*Tha na càraichean a' tachdadh a' bhaile bho **ch**eann gu ceann.*

➤ Tha *(bh)o* 's an t-**alt** singilte a' dol gu **(bh)on** no **(bh)on a'**:

Tomhais an t-astar bhon a' chraoibh chun an seo.

6.2.6 DE

Na riochdairean roimhearach:

mi	**dhìom**	sinn	**dhinn**
thu	**dhìot**	sibh	**dhibh**
e	**dheth**	iad	**dhiubh**
i	**dhith**		

Bidh *DE* a' comharrachadh:

(a) uimhir no pàirt

Tagh dhà de na h-èisg a tha san tanc.
Cha do dh'ith i ach an dàrna leth den bhiadh a fhuair i.

(b) dol a bhàrr

Thàinig am mullach dhen taigh anns a' ghaoith.
Nach cuir thu dhìot do chòta?

➤ Tha *de* a' **sèimheachadh** an ainmeir (no a' gabhail **dh'** ro fhuaimreag):
   *Chuir e tiùrr mòr de **sh**iùcar dhan chofaidh aige.*
   *Seall na th' aca de **dh'**ùbhlan air a' chraoibh seo!*

➤ Tha *de* (gun alt) gu math tric a' dol gu **a**:
   *Chan eil càil **a** dh'fhios agam.*
   *Cha tug an opairèisean ach lethuair **a** thìde.*

➤ Tha *de* 's an t-alt singilte a' dol gu **den** no **den a'**:
   *Bidh a' chuid as motha **den a'** chlas a' dol*
   a shnàmh feasgar.

➤ Gu math tric gheibhear **dhe (dhen)** seach *de (den)*:
   *Bidh a' chuid as mò **dhen** a' chlas a' dol*
   a shnàmh feasgar.

6.2.7
DO

Na riochdairean roimhearach:

mi	**dhomh**	sinn	**dhuinn**
thu	**dhut**	sibh	**dhuibh**
e	**dha**	iad	**dhaibh**
i	**dhi**		

Bidh DO a' comharrachadh:

(a) gluasad a-steach

Thuit an surfair don uisge.
Chaidh sinn don bhaile mhòr airson cuairt do na bùithtean.

(b) airson cuideigin

Ith do ghlasraich - tha iad math dhut.
Tha preusant agam dhut.

(c) buntanas eadar daoine

'S e cousin dhomh a tha innte.
Tha iad nan càirdean do Chatrìona.

➤ Tha *do* a' **sèimheachadh** an ainmeir (no a' gabhail **dh'** ro fhuaimreag):
  *An urrainn do **dh**uine sam bith seo fhosgladh?*
  *'S urrainn do **dh'**Alastair.*

➤ Tha *do* 's an t-alt singilte a' dol gu **don** no **don a'**:
  An tèid sinn don taigh tasgaidh feasgar, no don a' phàirc?

➤ Gu math tric 's e **dha** (**dhan**) a gheibhear seach *do* (*don*):
  *Chan urrainn **dha** Dòmhnall an doras fhosgladh.*
  *Thug mi Cluedo **dhan** a' chloinn airson na Nollaig.*
  Cha bhi *dha* a' sèimheachadh an ainmeir (*dha Dòmhnall*).

➤ Bidh *do* tric a' dol gu **a** ro ainmean àite gun alt:
  *Thèid sinn **a** dh'Uibhist an toiseach 's an uair sin **a** Bharraigh.*

Na riochdairean roimhearach:

6.2.8
FO

mi	**fodham**	sinn	**fodhainn**
thu	**fodhad**	sibh	**fodhaibh**
e	**fodha**	iad	**fopa**
i	**foipe**		

➤ Tha *fo* a' **sèimheachadh** an ainmeir:
   Bha an cuilean na chrùban fo bhòrd ìseal.

➤ Bidh *fo* 's an t-**alt** singilte a' dol gu **fon** no **fon a'**:
   Chaidh ar bàta fon drochaid.

6.2.9 GU

Na riochdairean roimhearach:

mi	**thugam**	sinn	**thugainn**
thu	**thugad**	sibh	**thugaibh**
e	**thuige**	iad	**thuca**
i	**thuice**		

No cuideachd **chugam, chugad**, etc.

Bidh GU a' comharrachadh:

(a) gu ruige àite no duine

Thàinig iad gu drochaid.
Chuir mi cairt co-là-breith gu mo sheanmhair.

(b) gu ruige uair

Fan an seo gu deireadh an òrain.
Thàrr mi às aig cairteal gu meadhan oidhche.

> ➤ Ron **alt** tha *gu* a' dol gu **gus** (ùine) no **gun** (àite):
> *Choisich iad gun an drochaid is dh'fhuirich*
> *iad ann gus a' mhadainn.*
>
> ➤ Air uairean bidh **chun** air a chleachdadh an àite *gu*.
> Bidh an t-ainmear an uair sin san **t-suidheachadh**
> **cheangailte**:
> *Choisich iad chun na drochaid, 's o sin chun*
> *a' chaisteil dhuibh.*

Na riochdairean roimhearach:

6.2.10
LE

mi	**leam**	sinn	**leinn**
thu	**leat**	sibh	**leibh**
e	**leis**	iad	**leotha**
i	**leatha**		

Bidh *LE* a' comharrachadh:

(a) còmhla ri

Chaidh mi sìos dhan chladach le Niall.
Thoir leat aodach snàimh agus searbhadair.

(b) cò no dè a rinn rud:

Chaidh an gobhar a leigeil ma sgaoil leis an nighinn.
Chaidh mo bhualadh le bàll.

(c) seilbh (nas làidire na *aig*)

Tha bàll aig Màiri ach chan ann leatha a tha e.
Leamsa a tha na brògan sin.
'S ann le do sheanmhair a bha an leabhar seo.
An tug thusa dhi paidhir stocainnean leamsa?

> ➤ Tha *le* a' dol gu **leis** ron **alt** agus ro **gach**:
>
> *'S ann leis a' chloinn a tha na racaidean.*
> *Leis gach deagh dhùrachd ...*

> **Roimhear eile le *le*:**
>
> **ge b' oil le**   *Gheibh mi mach à seo ge b' oil leis an rìgh!*

6.2.11
MU

Na riochdairean roimhearach:

mi	**umam**	sinn	**umainn**
thu	**umad**	sibh	**umaibh**
e	**uime**	iad	**umpa**
i	**uimpe**		

Bidh *MU* a' comharrachadh:

(a) àite no gluasad timcheall

Bha na coin a' comhartaich mu dhoras na bàthach.
Chuir iad scarfa mu amhaich a' bhodaich sneachda.

(b) cuspair

Seo sgeulachd mu Chalum Cille.
Nach cuala tu riamh mu uilebheist Loch Nis?

Ach: chan e na riochdairean *umam, umad, ...*, a tha air an cleachdadh airson bruidhinn air cuspair, ach **mu mo dhèidhinn**, **mu do dhèidhinn**, etc:

Dh'innis i dhuinn rudan uabhasach man dèidhinn.

(c) tomhas faisg

Nam bheachdsa tha an costa mu mhìle air falbh.
Chanainn gu bheil an gille beag mu cheithir bliadhna.
Coinnichidh sinn fon an drochaid mu shia uairean.

> ➤ Tha *mu* a' **sèimheachadh** an ainmeir:
>   *Tha dùil againn ris an taibhse mu **mh**eadhan oidhche.*
>
> ➤ Tha *mu* 's an t-**alt** singilte a' dol gu **mun** no **mun a'**:
>   *Feumaidh sinn rudeigin a dhèanamh mun toll ann am mullach an taighe.*

Na riochdairean roimhearach:

6.2.12
RI

mi	**rium**	*sinn*	**ruinn**
thu	**riut**	*sibh*	**ruibh**
e	**ris**	*iad*	**riutha**
i	**rithe**		

Bidh *RI* a' comharrachadh:

(a) co-luadar eadar daoine

Bhruidhinn mi ri Anna an-dè, ach chan èisteadh i rium.
Can ris an sgioba gun coinnich mi riutha a-màireach.

(b) àite

Bha fàradh ris an uinneig.

(c) coimeas (às dèidh *cho*)

Tha na tursachan seo cho sean ris a' cheò.

(d) a bhith an sàs ann an rud

Tha na balaich sin an-còmhnaidh ri trod.
Dè tha thu ris, na làithean seo?
Fhathast ris a' chompiutaireachd?

➤ Tha *ri* a' dol gu **ris** ron **alt** no **gach**:
   Bha an tè bheag cho laghach ris an òr.
   Bhruidhinn e ris gach sgoilear fa leth.

Roimhearan eile le *ri*

an taca ri	(1) *Thog iad a' bhàthach an taca ris an taigh.*
	(2) *Duine beag a tha ann an Sìm, an taca ri athair.*
coltach ri	*Tha an cù agad cho coltach riut!*
còmhla ri	*Cò thèid dhan a' bhùth còmhla ri Pàdraig?*
dlùth ri	*Bheil an t-ionad spòrs dlùth ris an taigh aice?*

6.2.13
RO

Na riochdairean roimhearach:

mi	**romham**	sinn	**romhainn**
thu	**romhad**	sibh	**romhaibh**
e	**roimhe**	iad	**rom(h)pa**
i	**roim(h)pe**		

Bidh *RO* a' comharrachadh:

(a) ùine:

*Dèanaibh cinnteach gum bi sibh air ais
ro mheadhan oidhche.*

(b) gluasad air beulaibh:

Bhiodh e daonnan a' coiseachd pìos beag romhainn.

> ➤ Tha *ro* a' **sèimheachadh** ainmear:
> *A bheil an t-eagal ort ro **ch**oin?*
>
> ➤ Tha *ro* 's an t-**alt** singilte a' dol gu **ron** no **ron a'**:
> *A bheil an t-eagal ort ron a' chù?*

6.2.14
TRO

Na riochdairean roimhearach:

mi	**tromham**	sinn	**tromhainn**
thu	**tromhad**	sibh	**tromhaibh**
e	**troimhe**	iad	**trom(h)pa**
i	**troim(h)pe**		

> ➤ Tha *tro* a' **sèimheachadh** ainmear:
> *Shiubhail iad ùine mhòr tro choilltean is tro fhàsaichean.*
> ➤ Tha *tro* 's an t-**alt** singilte a' dol gu **tron** no **tron a'**:
> *Thèid sinn tron an leabhar còmhla.*

ROIMHEARAN SIMPLIDH EILE | 6.3

Tha grunnan roimhearan sìmplidh eile nach eil a' cur an ainmeir san t-suidheachadh roimhearach idir:

eadar	Seas thall an sin eadar an t-each 's an geata.
gun (às aonais)	Thill mi gun am bainne a bha i ag iarrcidh.
mar (coltach ri)	Theich iad mar a' ghaoth.
seach (an taca ri)	Tha e gu math laghach seach am bodach a bha an seo roimhe.
ach (saor o)	Fhuair mi a h-uile rud ach an t-ìm.

> ➤ Bidh **gun** agus **mar** a' **sèimheachadh** an ainmeir:
>   Gabhaidh mise teatha gun **bh**ainne.
>   Bha an cat am falach san fheur mar **th**ìgear.
>
> Cha bhi **gun** a' sèimheachadh **d** no **t** ge-tà:
>   Nì mi seo dhut gun dàil.
>
> ➤ Bidh **mar** air uairean a' **caolachadh** ainmear boireanta gun alt:
>   mar chirc   mar chloich   mar nighinn
>
> ➤ Thoir an aire gu bheil trì riochdairean roimhearach aig **eadar:**
>
> | | |
> |---|---|
> | sinn | **eadarainn** |
> | sibh | **eadaraibh** |
> | iad | **eatarra** |

6.4 NA ROIMHEARAN FILLTE

A bharrachd air na roimhearan sìmplidh a chunnaic sinn, tha tòrr **roimhearan fillte** ann. Tha na roimhearan fillte uile nan abairtean, air an dèanamh suas le roimhear sìmplidh agus ainmear, m.e.

ri + taobh   air + cùl   mu + coinneamh

Tha cuid de na h-ainmearan aig nach eil ciall leotha fhèin tuilleadh, m.e.:

(às) **aonais**   *(air)* **son**   *(am)* **feadh**

6.4.1 Roimhear Fillte agus Ainmear: *ri taobh a' bhùird*

Mar a chunnaic sinn, tha ainmear anns gach roimhear fillte. Mar sin, ma thig ainmear eile às dèidh an roimheir fhillte, tha còir aig an ainmear seo a bhith anns an **t-suidheachadh cheangailte** (faic Earrann 2.3.3), gu h-àraidh ma tha an t-alt leis an ainmear:

ri taobh bòrd   no *ri taobh bùird*   ach *ri taobh* **a' bhùird**
air cùl uinneag   no *air cùl uinneig*   ach *air cùl* **na h-uinneig**

Seo na roimhearan fillte as cumanta, ma-thà, le eisimpleirean.

<u>**à**</u>
às aonais   *às aonais mo bhata*
às dèidh *   às dèidh nan saorlàithean*
* no *às deaghaidh* (cuideachd *an dèidh*)

<u>**air**</u>
air beulaibh   *air beulaibh nan uinneagan*
air cùl(aibh)   *air cùl(aibh) na pàirce*
air feadh   *air feadh na dùthcha*
air sàillibh *   *air sàillibh a' bhoireannaich seo*
air sgàth   *air sgàth na cloinne*
airson   *airson airgid*
air tòir   *air tòir an ionmhais*
* no *air tàillibh*

ann an
- *an aghaidh* — an aghaidh na gaoithe
- *an àite* — an àite an airgid
- *am broinn* — am broinn na màileid
- *an cois* — an cois an rathaid
- *an comhair* — an comhair a cinn
- *an dèidh* * — an dèidh mhìosan
- *an lùib* — an lùib na litreach
- *am measg* — am measg dhaoine bochda

* no *an deaghaidh* (cuideachd *às dèidh*)

de*
- *(a) bhàrr* — bhàrr na sgeilpe
- (no **far**)

do*
- *a dh'aindeoin* — a dh'aindeoin nan duilgheadasan
- *a dh'ionnsaigh* — a dh'ionnsaigh an dorais
- *a rèir* — a rèir coltais
- *a thaobh* — a thaobh a' chòrr dheth

os**
- *os cionn* — os cionn nan taighean

mu
- *mu chuairt* — mu chuairt a' chaisteil mhòir
- *mu choinneimh* — mu choinneimh nan taighean
- *mu dheidhinn* — mu dheidhinn a' chonsairt
- *mu thimcheall* — mu thimcheall choilltean

ri
- *ri linn* — ri linn nam mearachdan sin
- *ri taobh* — ri taobh na h-aibhne

* 'S e **a** an riochd as cumanta aig *do* is *de* sna roimhearan fillte.

** 'S e seann roimhear a tha ann an *os*, nach eil air a chleachdadh tuilleadh ach ann an corra abairt.

CAIBIDEIL 6

6.4.2 Roimhear Fillte Pearsanta: *ri mo thaobh*

Chunnaic sinn ann an Earrannan 6.2 is 6.3 gum faod roimhear sìmplidh dol le riochdair pearsanta, m.e.

agam   leat   dha   roimpe   eadaraibh   mar sinne   seach iadsan

Bidh roimhear **fillte**, ge-tà, a' dol le **alt pearsanta** – 's e sin, bidh e a' gabhail ***mo, do, a,*** etc, m.e.

mi	***ri mo thaobh***	sinn	***ri ar taobh***
thu	***ri do thaobh***	sibh	***ri ur taobh***
e	***ri a thaobh***	iad	***ri an taobh***
i	***ri a taobh***		

Seo eisimpleirean eile a' sealltainn mar a bhios gach roimhear ag atharrachadh:

◆ ***às aonais***	às m' aonais às d' aonais às (a) aonais às a h-aonais	às ar n-aonais às ur n-aonais às an aonais
◆ ***airson***	air mo shon air do shon air a shon air a son	air ar son air ur son air an son
◆ ***an aghaidh***	nam aghaidh nad aghaidh na (a) aghaidh na h-aghaidh	nar n-aghaidh nur n-aghaidh nan aghaidh
◆ ***a dh'ionnsaigh***	dham ionnsaigh dhad ionnsaigh dha (a) ionnsaigh dha h-ionnsaigh	dhar n-ionnsaigh dhur n-ionnsaigh dhan ionnsaigh
◆ ***mu dheidhinn***	mu mo dheidhinn mu do dheidhinn ma dheidhinn ma deidhinn	mar deidhinn mur deidhinn man deidhinn
◆ ***os cionn***	os mo chionn os do chionn os a chionn os a cionn	os ar cionn os ur cionn os an cionn

GNATHSAN CAINNTE ROIMHEARACH

A

cinnteach à	Tha i daonnan cho cinnteach às a h-uile rud.
mòr à / pròiseil à	Bha a phàrantan mòr às nuair a fhuair e am bonn òir.
leig (fuaim) asad	Leig iad sgreuch asta leis an eagal a ghabh iad.
tarraing à	Nach sguir sibh de bhith a' tarraing asam!

AIG

cuimhne agam air	A bheil cuimhne agad air do chiad latha san sgoil?
f(h)ios agam air	Cha robh fios agam air sin.
gaol agam air	Bha gaol aig a' Chaiptean air Pocahontas.
meas agam air	Tha meas aig a h-uile duine air Nelson Mandela.
tha agam ri	Tha againn ri falbh anns a' bhad.
thèid agam air	An tèid agad air an càr a chur air dòigh an-diugh?
ùidh agam ann an	Nach eil ùidh agad ann an Star Trek?
(gin, 1, 2, 3..) againn	Bha còignear aca ann, 's gun iuchair aig gin aca.

AIR

[an cànan] air	Dè a' Bheurla a tha air 'pizza'?
guth air	A bheil guth oirre o dh'fhàg i an dùthaich?
sgeul air	A bheil Cailean a-muigh? Chan eil sgeul air a-staigh.
tuath/ deas/ etc air	Tha sinn mu thrì mìle an iar air an loch.
math air	Tha i a cheart cho math air ball-coise 's a tha thusa.
dèidheil air	Bidh e a' snàmh a h-uile latha - tha e cho dèidheil air.
beir air	Ma ruitheas sinn, beiridh sinn orra.
beir air làimh air	Rug a' Bhànrigh air làimh air caiptean an sgioba.
bi a-mach air	Bha an tidsear a-mach air reul-eòlas.
bruidhinn air	Tha iad a' bruidhinn orm a-rithist.
buail air	Cha do bhuail e orm gum biodh sibh air sgor-làithean.
buail a-steach air	Buail a-steach òirnn uair sam bith a bhios tu sa bhaile.
coimhead / seall air	Choimhead mi air an uinneig 's chunnaic mi sioraf a-muigh.
	Cha bhi i a' coimhead air an teilidh ro thric.
cuir air 1	Cuiridh mi orm mo bhòtannan ma tha sneachd ann.
2	A bheil an solas làidir a' cur ort?
dèan air 1	Rinn iad air an taigh cho luath 's a thòisich an t-uisge.
2	Dè rinn iad ort?
fàg air	Dh'fhàg iad air Màiri gun do ghoid i dreasa.
is beag / lugha air	Is beag orm semolina fuar.
leig ort	Leigidh sinn òirnn gum faca sinn taibhse.
obraich air	Bidh iad ag obair air a' ghille bhochd gun sgur.

6.5

CAIBIDEIL 6

AIR (a' leantainn)	**smaoinich air**		Bha mi a' smaoineachadh ort fad an latha.
	thig air		Thàinig òirnn an oidhche a chur seachad a-muigh.
	thig a-steach air		Nach tàinig e a-steach ort gum biodh sinn draghail?
	thoir air		Thug an droch shìde òirnn stad agus fasgadh a lorg.
	tog ort	1	Togaidh i oirre tràth gus an ruig i am bàta feasgar.
		2	Tha i a' togail oirre glè mhath an dèidh an opairèisein.

ANN AN	**ann**	(dol) 1	Cha deach mi dhan bhaile – an deach thu fhèin ann?
		(a bhith) 2	Bha tòrr dhaoine ann.
		(idir) 3	Cha toigh leam an t-òran sin ann.

DE	**cuir dhìot**	Nach cuir thu dhìot do chòta?
	faighnich de*	Faighnich dhith a bheil i saor feasgar.
	gann de	Tha sinn cho gann de chèicichean.
	leig dreuchd dhìot	Leigidh i dhith a dreuchd an ceann mìos.
	sgìth de	Tha mi cho sgìth den chuspair seo.
	sguir de	Nach sguir thu den amaideachd tha seo!
	*no **do**	

DO	**a' dol do**	Ciamar a chaidh dhut san deuchainn?
	an dèidh do	An dèidh dhuinn ar biadh a ghabhail, thog sinn òirnn.
	b' fheudar do	B' fheudar dhomh faighinn a-staigh tron uinneig.
	bu chòir do	Nach bu chòir dhuinn a dhol dhachaigh a-nise?
	cuir às do	Ma chì thu deanntagan, cuir às dhaibh.
	èirich do	Dè dh'èirich dhut, a ghràidh, an do thuit thu?
	innis do	Innsidh mi dhut a h-uile càil mar a thachair.
	mothaich do	Cha do mhothaich sinn dhan dìg.
	's aithne do	An aithne dhut seinneadair sam bith às an Eadailt?
	seall dhomh	Nach seall thu dhomh an dealbh a rinn thu?
	's fheàrr do	'S fheàrr dhuinn falbh mus till iad.
	's urrainn do	Chan urrainn dhuinn seo a thogail leinn fhìn.
	tha fa-near do	Bha fa-near dhi falbh tràth, ach chaidil i gu feasgar.
	thig do	Chan eil an dreasa dheàrg a' tighinn dhut idir.
	thoir an aire do	Thoir an aire dhan dìg.
	thoir do	Nach toir sibh dhomh barrachd air sin?

GU	**fònaig / cuir fòn gu**	Cuir fòn thugam cho luath 's a bhios tu aig an taigh.

a' dol le	Chan eil mi a' dol leat an sin idir.	**LE**
leam fhèin	Dh'fhalbh a' chailleach, is bha iad leotha fhèin.	
leig le	Leig leam bruidhinn!	
's caomh / toigh le	'S fìor thoigh leotha ceapairean banana.	
('s) coma le 1	'S coma leam colag.	
2	Coma leat sin! Nì mi fhìn e a-màireach.	
's fheàrr le	Chan eil e dona, ach 's fheàrr leam am fear eile.	

abair ri	Cha tuirt mi mòran riutha.	**RI**
bruidhinn ri	Leig leam bruidhinn ris.	
can ri	Dè chanas sinn ri Màiri nuair a thig i?	
	Seo an t-àite ris an canar Gleann nan Ialtag.	
coinnich ri	Coinnichidh sinn riut a-rithist aig a còig.	
còrd ri	Chòrd am film rium glan.	
cuir ri	Chan eil gu leòr an sin dhuinn uile – cuir beagan ris.	
dùil a bhith ri	Cha robh dùil riut cho tràth seo.	
èist ri	Nach èist thu rium mionaid?	
fan/feith/fuirich ri	Fuirichibh rium – tha sibh a' dol ro luath!	
feuch ri	Dh'fheuch e ris an uinneag fhosgladh ach bha i glaiste.	
gabh ri	Cha do ghabh iad riamh ris an t-srainnsear bhochd.	
tachair ri	A' chiad turas a thachair mi ris bha feusag air.	

cuir romhad	Chuir mi romham nach tillinn gu bràth.	**RO**
eagal ro	An robh an t-eagal ort riamh ro luchan?	
gabh romhad	Gabhaidh sinn romhainn mus èirich a' ghrian.	
rud a bhith romhad	Tha mi 'n dòchas nach e mì-mhodh a tha romhaibh.	

CAIBIDEIL 6

CAIBIDEIL 7 | AN GNÌOMHAIR

7.1

RO-RADH: Dè tha ann an Gnìomhair, Cùisear agus Cuspair?

Airson na caibideil seo feumaidh tu tuigsinn dè tha ann an **gnìomhair**, agus cuin a tha ainmearan (no riochdairean) nan **cùisear** no nan **cuspair** aig a' ghnìomhair.

An gnìomhair

'S e an gnìomhair am facal sa chlàs a tha ag innse dhut an gnìomh, 's e sin dè tha a' tachairt. Mar as trice tha an gnìomhair aig toiseach na clàs:

gnìomhair	
Dh'fhalbh	na speuradairean an-diugh.
Eiridh	mi tràth a-màireach.
Thàinig	mo phiuthar còmhla ruinn.

An cùisear agus an cuspair

Faodaidh ainmear sam bith no riochdair pearsanta *(mi, thu, e, i…)* a bhith na chùisear no na chuspair aig a' ghnìomhair.

Ann an seantans sam bith (ach a-mhàin freagairt is òrdugh), feumaidh gnìomhair **cùisear**. 'S e an cùisear an rud no an duine a tha air cùl a' ghnìomh. Anns an t-seantans tha e mar as trice dìreach às dèidh a' ghnìomhair. Seo eisimpleirean:

gnìomhair	cùisear	
Dh'fhalbh	na speuradairean	an-diugh.
Eiridh	mi	tràth a-màireach.
Thàinig	mo phiuthar	còmhla ruinn.

Nan toireadh tu an cùiseir às, cha bhiodh ciall aig gin de na seantansan seo.

Air uairean tha feum aig gnìomhair air **cuspair** gus an ciall a choileanadh. 'S e an cuspair an rud no an duine air a bheil an gnìomh a' bualadh. Ma dh'fheumas tu *Dè?* fhaighneachd dìreach às dèidh a' chùiseir gus ciall a dhèanamh den t-seantans, 's e an cuspair do fhreagairt. Mar eisimpleir:

gnìomhair	cùisear		cuspair
Cha cheannaich	mi	**dè?**	teoclaid.
Chunnaic	an nighean	**dè?**	taibhse.
An tog	thu	**dè?**	am baidhsagal?

Tha cuid de ghnìomhairean ann a dh'fheumas cuspair, m.e. na gnìomhairean sna trì seantansan shuas: *ceannaich, faic* agus *tog*. As aonais a' chuspair, cha bhiodh ciall aig gin de na seantansan seo. Tha gnìomhairean eile nach gabh cuspair idir, m.e. *falbh, èirich, thig* (faic na h-eisimpleirean air duilleag 96).

7.2 TRÀTH

'S e an **gnìomhair** am facal as cudromaiche sa chlàs. Aithnichidh tu bhuaithe chan e a-mhàin dè an gnìomh a thachair, ach **cuin** a thachair e. Tha **tràth** a' ghnìomhair ag innse dhuinn a bheil an gnìomh a' tachairt

> san àm a tha an làthair
> san àm a tha ri tighinn
> san àm a dh'fhalbh
> no an e dìreach gnìomh a tha ann a dh'fhaodadh tachairt.

Tha riochdan sònraichte aig gach gnìomhair airson gach tràth. Anns a' chlàr shìos, chì thu na riochdan a tha aig a' ghnìomhair **BI** … ➤

THA	tràth **làthaireach**	an t-àm a tha ann an-dràsta fhèin	*Tha an t-uisge ann.*
BHA	tràth **seachad**	an t-àm a dh'fhalbh	*Bha an t-uisge ann.*
BHIODH	tràth **seachad-gnàthach**	airson rud a b' àbhaist tachairt	*Bhiodh an t-uisge ann a h-uile latha.*
BHIODH	tràth **cùmhnantach**	airson rud a dh'fhaodadh tachairt, no guidhe	*Nam biodh an t-uisge ann, bhiodh tu a' gearan.*
BIDH	tràth **teachdail**	an t-àm a tha fhathast ri tighinn	*Bidh an t-uisge ann a-màireach.*
BIDH	tràth **làthaireach-gnàthach**	airson rud as àbhaist tachairt	*Bidh an-còmhnaidh an t-uisge ann bhos an seo.*

Chì thu gu bheil na riochdan *bhiodh* agus *bidh* air an cleachdadh airson dà thràth an urra. Bho seo a-mach, ann an clàran na caibideil, cuiridh sinn an tràth seachad-gnàthach agus an tràth cùmhnantach còmhla, agus mar an ceudna na tràthan teachdail agus làthaireach-gnàthach. Bheir sinn sùil eile air na tràthan gnàthach ann an Earrann 7.6.

SUIDHEACHADH | 7.3

Chunnaic sinn mu thràth ann an Earrann 2.3 gum bi an t-ainmear ag atharrachadh a rèir dè an suidheachadh anns a bheil e. Tha car an aon rud a' tachairt dhan a' ghnìomhair. Canaidh sinn, mar eisimpleir,

Tha mi a' dol a-mach.   **ach**   Chan **eil** mi a' dol a-mach.
Bidh thu aig an taigh.   **ach**   Cuin a **bhios** tu aig an taigh?

Mar sin, a bharrachd air bhith ag atharrachadh a rèir tràth *(tha, bha, bhiodh, bidh)*, tha an gnìomhair cuideachd ag atharrachadh a rèir an t-suidheachaidh anns a bheil e.

Tha trì suidheachaidhean aig a' ghnìomhair. Is iad seo:

an suidheachadh bunaiteach
an suidheachadh dàimheach
an suidheachadh leasaichte

'S e seo far a bheil an gnìomhair na sheasamh leis fhèin, gun fheum aige air facal, abairt no clàs roimhe. Tha an clàs a tha e a' tòiseachadh a' toirt aithris sìmplidh.

| 7.3.1
| An Suidheachadh
| Bunaiteach

Chan eil an clàs na cheist,
    chan eil e àicheil,
        chan eil e an eisimeil abairt no clàs eile.

Mar eisimpleir:

Tha mi sgìth, 's mi leam fhìn.
Chaidh e chun na bùtha a dh'iarraidh bainne.
Bidh mi gad fhaicinn, ma-thà.
Air uairean **bhiodh** Anna ag ionndrainn na mara.

Chì thu bhon eisimpleir mu dheireadh an seo gum faod facal no abairt a thighinn ron a' ghnìomhair (*"air uairean"*), ach chan eil e air a cheangal ris a' ghnìomhair – dh'fhaodadh tu an abairt a chur am badeigin eile sa chlàs gun dragh:

Bhiodh Anna air uairean ag ionndrainn na mara.

7.3.2 An Suidheachadh Dàimheach

> Bhon is ann san **tràth theachdail / làthaireach-gnàthach** a-mhàin a tha riochd sònraichte anns an t-suidheachadh seo, bidh a h-uile eisimpleir san earrainn anns an tràth sin.

Tha gnìomhair "dàimheach" nuair a tha dàimh eadar e agus <u>bunfhacal</u> (ainmear anns a' phrìomh chlàs), tron riochdair *a* (faic Earrann 5.6.1). Coltach ri buadhair, tha an clàs dàimheach ag innse barrachd mun ainmear:

Seo <u>an t-each</u>	**a bhios** Kim a' marcachd a-màireach.
Bha mi a' bruidhinn ri <u>bodach</u>	**a cheannaicheas** an seann bhaidhsagal.
Bheir mi dhut <u>rud sam bith</u>	**a dh'iarras** tu.
'S e <u>An Tunnag</u>	**a chanas** iad ri Aonghas.

Ach tha an gnìomhair cuideachd san t-suidheachadh dhàimheach às dèidh:

◆ abairtean le **a**:

carson a	Faighnich **carson a dhùineas** a' bhùth cho tràth.
ciamar a	Saoil **ciamar a bhios** iad a' togail rud cho trom?
cuin a	Cò aige tha fios **cuin a bhios** iad a' tighinn!
ged a	**Ged a bhios** e anmoch, ruigidh sinn Ulapul an-diugh.
mar a	Siud Aonghas, no An Tunnag **mar a chanas** iad ris.
nuair a	**Nuair a bhios** sibh air an drochaid, togaidh mi an dealbh.

◆ **cò** no **dè**:

Cò bhios aig a' phartaidh a-nochd?
Tha fhios agam **dè bhios** iad ag iarraidh òirnn a dhèanamh.

◆ abairtean le **agus a** (**is a**, **'s a**):

cho ... 's a	Leig fios thugam **cho luath 's a bhios** tu deiseil.
fhad 's a	Bruidhnidh sinn riut **fhad 's a bhios** tu ag obair.

air cho ... 's a	*Air cho blàth 's a bhitheas e a-muigh, tha i fuar a-staigh.*
leis cho ... 's a	*Cha bhi càr gu feum,* **leis cho trang 's a dh'fhàsas** *am baile.*

◆ an riochdair dàimheach **na** (= dè, an rud a, an timhir):

*Chan eil mi a' tuigsinn **na bhios** tu a' ràdh.*
*Nam faiceadh tu **na chleachdas** iad de chompiutairean!*

◆ **ma**:

***Ma dh'innseas** tu dad dhi, cha bhruidhinn mi riut tuilleadh.*

An naisgear **ma**

➤ Thoir an aire gu bheil **ma** air a chleachdadh anns na tràthan

làthaireach	*Ma tha sin fìor, gabhaidh mi iongnadh.*
teachdail	*Ma chanas e dad sam bith, sgrìobh sìos e.*
seachad	*Ma fhuair i droch bhuille, 's math an airidh.*

➤ Anns an tràth chùmhnantach / seachad-gnàthach, 's e **nan** a bhios air a chleachdadh (faic Earrann 7.3.3).
Nan tilleadh sinn tràth, gheibheadh sinn cèicichean gu leòr.

Cuimhnich gur ann san **tràth theachdail / làthaireach-gnàthach** a-mhàin a tha riochd dàimheach sònraichte (**-as**) aig a' ghnìomhair. Ann an tràth sam bith eile, 's e an riochd bunaiteach a tha air a chleachdadh:

*Seo an t-each **a bha** Kim a' marcachd an-dè.*
*Bheirinn dhut rud sam bith **a bhiodh** tu ag iarradh.*
*Saoil ciamar **a tha** iad a' togail rud cho trom?*
*Bhruidhinn sinn rithe **fhad 's a bha** i ag obair.*
*Nam faiceadh tu **na chleachd** iad de chompiutairean!*

7.3.3 An Suidheachadh Leasaichte

Anns an t-suidheachadh seo, tha an gnìomhair air a leasachadh

➤ gu **ceist** no **àicheadh** le mion fhacal sònraichte, m.e.
an? (ceist)   **cha** (àicheadh)   **nach?** (ceist àicheil):
Tha thu deiseil.   ach   Nach **eil** thu deiseil?

➤ no a chionn 's gu bheil e **an eisimeil** clàs eile, m.e.
Bha thu bochd.   ach   Chuala mi gun **robh** thu bochd.

Mar as trice 's e am facal ceanglaidh eadar an dà chlàs (an naisgear) **gun** no **nach**.

Tha an gnìomhair san t-suidheachadh leasaichte às dèidh:

➤ an fhacail ceist **an** (/ **am** / **a**)

Am bi sibh aig a' chonsart a-nochd?
Chan fhaigh sinn a-mach **a bheil** iad a' tighinn gus a-nochd.

➤ **càite an**

Càite an robh i sa mhadainn?
Dh'fhaighnich mi dha **càite an d' fhuair** e an t-uaireadair aige.

➤ **gun** (/ **gum** / **gu**)

Tha mi a' smaoineachadh **gu bheil** iad ceàrr.
Ciamar a bha fhios agad **gum faigheadh** sinn iad anns a' phàirc?
Tha mi 'n dòchas **nach bi** iad a-staigh.

➤ abairtean le **gun** (**gum** / **gu**), m.e.

a chionn ('s)	Cha d' fhuair mi a-staigh **a chionn 's gun robh** jeans orm.
airson ('s)	Cuiridh mi orm geansaidh eile **airson 's nach bi** mi fuar.

do bhrìgh ('s)	*Fàgaidh mi air an solas **do bhrìgh 's gu bheil** eagal ort.*
ri linn ('s)	***Ri linn 's nach robh*** *e san reothadair, bhinndich am bainne.*
air chor ('s)	*Chùm mi am falach **air chor 's nach fhaigheadh** iad mi.*
cho…('s)	*Bha e **cho** èibhinn **'s gun robh** i ga tachdadh a' gàireachdainn.*

➤ roimhear dàimheach (faic Earrann 5.6.2), m.e.

aig a(n)	*Seo daoine **aig a bheil** cus a bharrachd airgid.*
anns a(n)	*Sin am bothan **anns an robh** sinn a' fuireach.*
ris a(n)	*Nach e seo a' chailleach **ris an robh** thu a' bruidhinn?*

➤ naisgearan (faclan ceanglaidh) eile, m.e.

ach an	*Fàgaidh mi an iuchair fon bhrat **ach am faigh** sibh a-staigh.*
far an	*Seall dhomh **far an cluicheadh** sibh.*
gus an	*Cha d' fhuair iad a-mach **gus an do nochd** mi aig àm bìdh.*
mus (no **mun**)	*Thachair seo uile fada **mus do rugadh** tusa.*
nan / nam	***Nam biodh*** *tu deiseil, dh'fhaodadh sinn falbh sa bhad.*

➤ **cha/chan, nach, mura**: 's e sin uair sam bith a bhios an gnìomhair **àicheil**

Nach eil sibh san leabaidh fhathast?
Cha robh lèine ghlan aig duine aca.
Tha mi cinnteach **nach bi** iad a-staigh.
Mura bheil iad toilichte, tha cead aca falbh.

CAIBIDEIL 7

7.3.3 An Suidheachadh Leasaichte (a' leantainn)

An naisgear *nan*

➤ Thoir an aire gu bheil **nan** (*nam* ro *b, f, m, p*) air a chleachdadh san tràth chùmhnantach / seachad-gnàthach a-mhàin:

Nam biodh tu air innse dhomh, bha mi air pìos a chumail dhut.
Nan tilleadh sinn tràth, gheibheadh sinn cèicichean gu leòr.

Ach leis a' ghnìomhair BI, gheibhear cuideachd **nan robh** airson *nam biodh*:

Nan robh thu air innse dhomh, bha mi air pìos a chumail dhut.

AICHEADH: *nach* is *mura*

➤ Tha **nach** air a chleachdadh an àite:

◆ *a*

*Tagh rud **nach** eil agad mu thràth.*
***Ciamar nach** robh fhios agad gun robh iad air teicheadh?*
***Nuair nach** eil e a-staigh, bidh e a' fàgail na h-iuchrach agamsa.*
***Fhad 's nach** cùm e na mo dhùisg mi, tha mi coma.*

◆ *an*

***Nach** do dh'innis mi dhut?*
***Càite nach** deach i air làithean-saora?*
*Seo daoine bochd **aig nach** eil sgillinn ruadh.*
*Falaich e **far nach** fhaigh duine e.*

◆ *gun*

*Tha mi cinnteach **nach** eil iad ceart.*
*Cha d' fhuair e steach **a chionn 's nach** robh deise air.*
*Bidh sinn a' dol **cho luath 's nach** fhaic iad sinn.*

➤ Tha **mura** air a chleachdadh an àite:

◆ *ma*

Mura bheil iad toilichte, bruidhnidh mi riutha.

◆ *nan*

Mura biodh (/robh) grian ann, cha bhiodh càil beò air an talamh.

AN GNÌOMHAIR BI — 7.4

Bhruidhinn sinn air **tràth** a' ghnìomhair agus **suidheachadh** a' ghnìomhair. Seo agad ma-thà na riochdan air fad a tha aig a' ghnìomhair chudromach **BI**. Chì thu nach eil diofar sam bith eadar an dàimheach 's am bunaiteach ach a-mhàin anns an tràth theachdail / làthaireach-ghnàthach.

	bunaiteach	dàimheach m.e. *ciamar a…*	leasaichte m.e. *saoilidh mi gu/gum*
làthaireach	**THA**	**THA**	**(BH)EIL**
seachad	**BHA**	**BHA**	**ROBH**
teachdail/ làthaireach-gnàthach	**BIDH** (BITHIDH)	**BHIOS** (BHITHEAS)	**BI**
seachad-gnàthach/ cùmhnantach	**BHIODH** (BHITHEADH)	**BHIODH** (BHITHEADH)	**BIODH** (BITHEADH)

Mar a chì thu sa chlàr, tha riochdan goirid agus fada ann an cuid de na tràthan:

bidh / bithidh   *bhios / bhitheas*
bhiodh / bhitheadh   *biodh / bitheadh*

Mar as trice faodaidh tu fear seach fear a chleachdadh, ach tha an dòigh ghoirid nas cumanta mura bheil cudrom sònraichte ga chur air a' ghnìomhair. Ann am freagairtean, ge-tà, bidh na riochdan fada an-còmhnaidh air an cleachdadh:

*Bidh thu a' tighinn còmhla ruinn, nach bi?   O, **bithidh**!*

Am bi Pàdraig is Raonaid a' tighinn cuideachd?
    *Ma **bhitheas**, gabhaidh sinn tagsaidh!*

Nach biodh tu na bu bhlàithe a-staigh an-seo?
    *'S mi a **bhitheadh**!*

7.5 NA GNÌOMHAIREAN RIAGHAILTEACH

Bidh na gnìomhairean riaghailteach ('s e sin a' mhòr-chuid de na gnìomhairean) a' leantainn an aon phàtrain gus na riochdan bunaiteach, dàimheach is leasaichte aca a dhèanamh. Chì sibh am pàtran seo an toiseach, agus an uair sin còig eisimpleirean:

CUIR, SEINN, FAG, EIST agus *SGAOIL*.

Feumaidh tu tuigsinn an toiseach dè tha ann am **freumh** a' ghnìomhair. 'S e seo an riochd a chleachdas tu gus òrdugh a thoirt seachad:

Cuir air an solas!   **Fàg** sin!   **Thoir** dhomh cuideachadh!

Mar as trice 's e am freumh an riochd as giorra den ghnìomhair. Tha e air cùl gach riochd eile.

Gus tràth a thoirt dhan ghnìomhair, feumaidh sinn:

➤ air uairean rud a chur ris an fhreumh, m.e.

   cuir**idh**   fàg**adh**

➤ uairean eile am freumh a shèimheachadh (mas urrainnear), m.e.

   chuir   **sh**einn

no *dh'* a chur air beulaibh fuaimreag no *fh*+fuaimreag, m.e.

   dh'èist   **dh'fh**àg.

➤ agus uairean eile, an dà chuid cur ris agus a shèimheachadh, m.e.

   chuir**eadh**   **dh'fh**àg**adh**

Seo am pàtran coitcheann (far a bheil [h] a' comharradh sèimheachadh):

	Bunaiteach	Dàimheach	Leasaichte
Seachad	f[h]reumh	f[h]reumh	*do* f[h]reumh
Seachad-gnàthach / Cùmhnantach	f[h]reumh + ***adh***	f[h]reumh + ***adh***	freumh + ***adh***
Teachdail / Làthaireach-gnàthach	freumh + ***idh***	f[h]reumh + ***as***	freumh

Seo a-nise na h-eisimpleirean:

	Bunaiteach	Dàimheach m.e. *ciamar a…*	Leasaichte m.e. *saoilidh mi gun…*
Seachad	***chuir*** ***sheinn*** ***dh'fhàg*** ***dh'èist*** ***sgaoil***	***chuir*** ***sheinn*** ***dh'fhàg*** ***dh'èist*** ***sgaoil***	***do chuir*** ***do sheinn*** ***do dh'fhàg*** ***do dh'èist*** ***do sgaoil***
Seachad-gnàthach / Cùmhnantach	***chuireadh*** ***sheinneadh*** ***dh'fhàgadh*** ***dh'èisteadh*** ***sgaoileadh***	***chuireadh*** ***sheinneadh*** ***dh'fhàgadh*** ***dh'èisteadh*** ***sgaoileadh***	***cuireadh*** ***seinneadh*** ***fàgadh*** ***èisteadh*** ***sgaoileadh***
Teachdail / Làthaireach-gnàthach	***cuiridh*** ***seinnidh*** ***fàgaidh*** ***èistidh*** ***sgaoilidh***	***chuireas*** ***sheinneas*** ***dh'fhàgas*** ***dh'èisteas*** ***sgaoileas***	***cuir*** ***seinn*** ***fàg*** ***èist*** ***sgaoil***

Mothaich gum bi *EIRICH* agus gnìomhairean le *–il, -in(n)* no *–ir* aig an deireadh (m.e. *FOSGAIL, SEACHAIN, TACHAIR*) a' giorrachadh nuair a ghabhas iad *–idh, -as* no *–adh*, mar a leanas:

	Bunaiteach	Dàimheach m.e. *ciamar a...*	Leasaichte m.e. *saoilidh mi gun /gum...*
Seachad-gnàthach / Cùmhnantach	**dh'èireadh** **dh'fhosgladh** **sheachnadh** **thachradh**	**dh'èireadh** **dh'fhosgladh** **sheachnadh** **thachradh**	**èireadh** **fosgladh** **seachnadh** **tachradh**
Teachdail / Làthaireach-gnàthach	**èiridh** **fosglaidh** **seachnaidh** **tachraidh**	**dh'èireadh** **dh'fhosgladh** **sheachnadh** **thachras**	**èirich** **fosgail** **seachain** **tachair**

➤ Ged nach eil an gnìomhair leasaichte air a shèimheachadh ach san tràth sheachad, cuimhnich gun cuir **cha** sèimheachadh air anns na tràthan eile cuideachd:

*Cha **ch**uir mi orm mo chòta.*
*Cha **sh**einneadh iad an t-òran ùr aca.*
*Chan **fh**àg mi an cù aig an taigh leis fhèin.*

➤ Le **d** no **t** (m.e. *dùin, tòisich*), mar as trice cha chluinn thu sèimheachadh idir às dèidh *cha*:

*Cha **dùin** mi mo bheul.*
*Cha **tòisicheadh** iad às m' aonais.*

NA TRÀTHAN GNÀTHACH

7.6

'S dòcha gun tug thu fa-near nach eil an tràth làthaireach a' nochdadh idir ann an clàran na h-earrainn 7.5. 'S e as coireach ri sin nach eil gnìomhair sam bith aig a bheil riochd làthaireach ach *BI (tha / (bh)eil)*. Bidh na gnìomhairean eile a' cleachdadh *tha / (bh)eil* gus tràth làthaireach a chur an cèill, m.e.

7.6.1 An Teachdail/ Làthaireach-gnàthach

> *Tha mi a' cur dhìom mo chòta.*
> *Bheil thu ag èisteachd ris a' chlàr ùr agad?*

Ach, dìreach mar an gnìomhair *BI* (faic Earrann 7.2), faodaidh iad cuideachd an riochd teachdail aca a chleachdadh gus tràth **làthaireach-gnàthach** a chur an cèill. 'S e tràth a tha seo a tha stèidhichte san làthaireach (an t-àm a tha ann an-dràsta) ach a tha cuideachd a' gabhail a-steach an t-àm a dh'fhalbh 's an t-àm a thig. Tha e a' comharrachadh

- gnìomh a tha ga ath-dhèanamh mar chleachdadh, m.e.
  *Mar as trice, **glanaidh** mi basgaid a' chait gach seachdain.*
  *Chan ann tric a **choinnicheas** sinn sna làithean seo.*

- rud a tha fìor san fharsaingeachd, m.e.
  Chan ith feòil-sheachnair feòil beathaich.
  Nì cù comhartaich, ach nì caora mèilich.

- comas, leis na gnìomhairean tuigse
  CLUINN, FAIC, FAIRICH, TUIG, m.e.

  Am faic thu an dà phlèana? (= *A bheil thu a' faicinn…*)
  Cha chluinn sinn guth o chùl an talla. (= *Chan eil sinn a' cluinntinn…*)

'S e na faclan eile san t-seantans a dh'innseas a bheil an gnìomhair san tràth theachdail no san tràth làthaireach-ghnàthach. Ann an *Mar as trice, glanaidh mi basgaid a' chait gach seachdain*, mar eisimpleir, tha **mar as trice** a' sealltainn gur e tràth **gnàthach** a tha ann. Ach ma chanas mi:

> *Bho seo a-mach glanaidh mi basgaid a' chait gach seachdain.*
> no *Glanaidh mi basgaid a' chait a-màireach.*

tha **bho seo a-mach** agus **a-màireach** ga dhèanamh soilleir gur e an tràth **teachdail** a tha ann.

7.6.2 An Seachad-gnàthach/ Cùmhnantach

Tha fhios agad air na riochdairean pearsanta: *mi thu e i sinn sibh iad*. Ann an cuid de chànain, bidh na faclan sin air an slugadh a-steach dhan a' gnìomhair, agus chan fhaic thu idir iad.

Ann an Gàidhlig na h-Eireann, mar eisimpleir, canar *Táim* airson *Tha mi*, agus *Táid* airson *Tha iad*. San Eadaltais, canaidh iad *sono* airson *tha mi*, *sei* airson *tha thu*, *siamo* airson *tha sinn*, is eile.

Tha an aon rud annasach a' tachairt anns a' Ghàidhlig, ach san t-seachad-ghnàthach / cùmhnantach a-mhàin. An àite *mi*, tha thu a' cur *–inn* far an robh *-adh*:

> *bhitheadh mi:*   *bhith**inn***
> *chanadh mi:*   *chan**ainn***
> *rachadh mi:*   *rach**ainn***

Ged a tha an riochd sònraichte seo cumanta, chan e a h-uile duine a chleachdas e. Mar seo cluinnear an dà chuid:

> *Dh'fheumainn na seoclaidean a chunntadh uair eile.*
agus   *Dh'fheumadh mi na seoclaidean a chunntadh uair eile.*

B' àbhaist gun robh *sinn* cuideachd air a shlugadh a-steach dhan ghnìomhair agus *–amaid* air a chur na àite, agus tha seo ri chluinntinn 's ri fhaicinn fhathast, m.e.

> *Bhitheamaid duilich nam falbhadh tu.*
> *Nam feuchamaid ri marathon a ruith,*
> *dh'fheumamaid casan ùra!*

NA GNÌOMHAIREAN NEO-RIAGHAILTEACH — 7.7

Chunnaic sinn ann an 7.5 mar a chruthaicheas na gnìomhairean riaghailteach na riochdan aca. Tha cuid de na gnìomhairean as cumanta, ge-tà, **neo-riaghailteach**. Tha sin a' ciallachadh gun do dh'atharraich na riochdan aca o chionn fhada, le bhith gan cleachdadh cho tric, agus mar sin nach eil iad an-còmhnaidh a' leantail a' phàtrain riaghailtich.

Seo a-nise riochdan nan gnìomhairean neo-riaghailteach. Mothaich ann an clàran 1-7 nach eil diofar sam bith eadar na riochdan bunaiteach agus dàimheach.

1 **ABAIR**	Bunaiteach	Dàimheach m.e. *carson a…*	Leasaichte m.e. *saoilidh mi gun…*
Seachad	**thuirt**	**thuirt**	**tuirt**
Seachad-gnàthach / Cùmhnantach	**theireadh**	**theireadh**	**abradh**
Teachdail / Làthaireach-gnàthach	**their**	**their**	**abair**

---

thuirt

➤ Tha ceàrnaidhean ann far nach eil *abair* air a chleachdadh ach san riochd seachad: *thuirt*. Anns na tràthan eile, 's e an gnìomhair *can* a tha air a chleachdadh:
Thuirt mi sin mu thràth, ach **canaidh** mi a-rithist e.

➤ Tha dòigh fhada air *thuirt / tuirt*: **thubhairt / tubhairt.**
'S e seo an riochd a chleachdadh tu airson freagairt, no airson cudrom a chur air a' ghnìomhair:

An tuirt i gum biodh i an seo aig còig uairean?
Thubhairt, *tha mi cinnteach gun* **tubhairt**.

2 FAIC	Bunaiteach	Dàimheach m.e. *carson a*…	Leasaichte m.e. *saoilidh mi gum* …
Seachad	**chunnaic**	**chunnaic**	**faca**
Seachad-gnàthach / Cùmhnantach	**chitheadh**	**chitheadh**	**faiceadh**
Teachdail / Làthaireach-gnàthach	**chì**	**chì**	**faic**

3 FAIGH	Bunaiteach	Dàimheach m.e. *carson a*…	Leasaichte m.e. *saoilidh mi gun/gum* …
Seachad	**fhuair**	**fhuair**	**d' fhuair**
Seachad-gnàthach / Cùmhnantach	**gheibheadh**	**gheibheadh**	**faigheadh**
Teachdail / Làthaireach-gnàthach	**gheibh**	**gheibh**	**faigh**

4 RACH/THEIRIG	Bunaiteach	Dàimheach m.e. *carson a*…	Leasaichte m.e. *saoilidh mi gun* …
Seachad	**chaidh**	**chaidh**	**deach(aidh)**
Seachad-gnàthach / Cùmhnantach	**rachadh** no **reigheadh** no **dheigheadh**	**rachadh** no **reigheadh** no **dheigheadh**	**rachadh** no **reigheadh** no **deigheadh**
Teachdail / Làthaireach-gnàthach	**thèid**	**thèid**	**tèid**

5 THIG	Bunaiteach	Dàimheach m.e. *carson a…*	Leasaichte m.e. *saoilidh mi gun…*
Seachad	**thàinig**	**thàinig**	**tàinig**
Seachad-gnàthach / Cùmhnantach	**thigeadh**	**thigeadh**	**tigeadh**
Teachdail / Làthaireach-gnàthach	**thig**	**thig**	**tig**

6 THOIR	Bunaiteach	Dàimheach m.e. *carson a…*	Leasaichte m.e. *saoilidh mi gun…*
Seachad	**thug**	**thug**	**tug**
Seachad-gnàthach / Cùmhnantach	**bheireadh** no **thugadh**	**bheireadh** no **thugadh**	**toireadh** no **tugadh**
Teachdail / Làthaireach-gnàthach	**bheir**	**bheir**	**toir**

7 DEAN	Bunaiteach	Dàimheach m.e. *carson a…*	Leasaichte m.e. *saoilidh mi gun…*
Seachad	**rinn**	**rinn**	**do rinn**
Seachad-gnàthach / Cùmhnantach	**dhèanadh**	**dhèanadh**	**dèanadh**
Teachdail / Làthaireach-gnàthach	**nì**	**nì**	**dèan**

Chì thu ann an clàr 7 shuas gu bheil an gnìomhair *dèan* riaghailteach gu leòr san t-seachad-ghnàthach (*dhèanadh/ dèanadh*). Tha trì gnìomhairean eile nach eil neo-riaghailteach ach san tràth sheachad a-mhàin:

8 **BEIR**	Bunaiteach	Dàimheach m.e. *carson a...*	Leasaichte m.e. *saoilidh mi gun/gum...*
Seachad	**rug**	**rug**	**do rug**
Seachad-gnàthach / Cùmhnantach	**bheireadh**	**bheireadh**	**beireadh**
Teachdail / Làthaireach-gnàthach	**beiridh**	**bheireas**	**beir**

9 **CLUINN**	Bunaiteach	Dàimheach m.e. *carson a...*	Leasaichte m.e. *saoilidh mi gun...*
Seachad	**chuala**	**chuala**	**cuala**
Seachad-gnàthach / Cùmhnantach	**chluinneadh**	**chluinneadh**	**cluinneadh**
Teachdail / Làthaireach-gnàthach	**cluinnidh**	**chluinneas**	**cluinn**

10 **RUIG**	Bunaiteach	Dàimheach m.e. *carson a...*	Leasaichte m.e. *saoilidh mi gun...*
Seachad	**ràinig**	**ràinig**	**do ràinig**
Seachad-gnàthach / Cùmhnantach	**ruigeadh**	**ruigeadh**	**ruigeadh**
Teachdail / Làthaireach-gnàthach	**ruigidh**	**ruigeas**	**ruig**

A bharrachd orra seo tha gnìomhairean eile nach eil neo-riaghailteach idir, ach a-mhàin gu bheil tràth a dhìth orra. 'S iad seo **na gnìomhairean easbhaidheach**, agus seo na trì as cumanta dhiubh, aig nach eil tràth seachad:

11 FEUM	Bunaiteach	Dàimheach m.e. *carson a…*	Leasaichte m.e. *saoilidh mi gum …*
Seachad-gnàthach / Cùmhnantach	**dh'fheumadh**	**dh'fheumadh**	**feumadh**
Teachdail / Làthaireach-gnàthach	**feumaidh**	**dh'fheumas**	**feum**

12 FAOD	Bunaiteach	Dàimheach m.e. *carson a…*	Leasaichte m.e. *saoilidh mi gum …*
Seachad-gnàthach / Cùmhnantach	**dh'fhaodadh**	**dh'fhaodadh**	**faodadh**
Teachdail / Làthaireach-gnàthach	**faodaidh**	**dh'fhaodas**	**faod**

13 CAN	Bunaiteach	Dàimheach m.e. *carson a…*	Leasaichte m.e. *saoilidh mi gun…*
Seachad-gnàthach / Cùmhnantach	**chanadh**	**chanadh**	**canadh**
Teachdail / Làthaireach-gnàthach	**canaidh**	**chanas**	**can**

'S e ***thuirt / tuirt*** a tha air a chleachdadh mar thràth seachad aig *CAN*.

7.8 AN GNIOMH-AINMEAR

Bhruidhinn sinn mu thràth air **freumh** a' ghnìomhair, an riochd sìmplidh às a bheil na riochdan tràthail mar as trice air an dèanamh (faic Earrann 7.5). Tha pàirt sònraichte eile aig gach gnìomhair ris an canar an **gnìomh-ainmear**. Anns na h-eisimpleirean a leanas, chì thu an gnìomh-ainmear ga chleachdadh ann an diofar dhòighean.

Mar as trice tha an gnìomh-ainmear nas fhaide na freumh a' ghnìomhair. Mar eisimpleir:

freumh	gnìomh-ainmear	m.e.
dèan	**dèanamh**	Dè bu chòir a dhèanamh?
dùin	**dùnadh**	Chan urrainn dhomh a dùnadh.
fàg	**fàgail**	Bidh iad a' fàgail na sgoile aig 3 uairean.
leugh	**leughadh**	Tha Raonaid math air leughadh.
smaoinich	**smaoineachadh**	Dè tha thusa a' smaoineachadh?
thig	**tighinn**	A bheil dùil aca tighinn?
tog	**togail**	'S e Aonghas am fear-togail-fuinn againn.
tuit	**tuiteam**	O, bhrònag, a bheil thu air tuiteam?

Ach faodaidh an gnìomh-ainmear a bhith co-ionann ris a' fhreumh, no glè choltach ris, m.e.:

freumh	gnìomh-ainmear	m.e.
cuir	**cur**	Bha i a' cur an t-sneachda.
fuirich	**fuireach**	Bu mhath leam fuireach.
òl	**òl**	A bheil càil agaibh ri òl?
seinn	**seinn**	Chuala mi tòrr seinn.

Tha dà ghnìomhair, ge-tà, aig a bheil gnìomh-ainmear gu math diofraichte bhon a' fhreumh:

abair	**ràdh**	Cha robh a' phitheid a' ràdh mòran.
rach	**dol**	A bheil agad ri dhol dhachaigh mu thràth?

Tha cuid de ghnìomh-ainmearan ann a tha ag atharrachadh a rèir dualchainnt, m.e. *cantail* is *cantainn (CAN)*, no *faighinn* is *faotainn (FAIGH)*.

Tha an gnìomh-ainmear a' comharrachadh gnìomh, ach chan eil tràth aige idir. Gabhamaid an gnìomhair *tuit*, mar eisimpleir. Ma chanas duine *thuit,* tha fhios agad gur ann san àm a dh'fhalbh a bha an gnìomh, oir tha an gnìomhair san tràth sheachad. Ma chanas duine *tuitidh*, tuigidh tu gu bheil an gnìomh fhathast ri tighinn, on a tha an gnìomhair san tràth theachdail.

Ach ma chanas duine *tuiteam*, chan eil càil a dh'fhios agad an ann an-dràsta fhein no san àm a dh'fhalbh no san àm ri tighinn a tha an gnìomh, o nach eil tràth aig *tuiteam* idir.

Mar sin, ged a tha facal mar *tuiteam* (no *fàgail*, *èigheachd*, *dèanamh*) a' comharrachadh gnìomh, chan e buileach gnìomhair a tha ann o nach eil tràth aige. Ann an dòighean eile tha e nas coltaiche ri ainmear – 's e sin as coireach gur e **gnìomh-ainmear** a tha againn air.

FEUMANNAN A' GHNIOMH-AINMEIR 7.9

'S dòcha gun tug thu fa-near sna h-eisimpleirean shuas nach eil daonnan an aon riochd aig a' ghnìomh-ainmear. 'S e 's coireach ri sin gum bi e air a chleachdadh ann an grunn dhòighean. Faodar a chleachdadh mar ainmear sam bith eile, m.e.:

Tha iad a' gearan mu dhùnadh talla a' bhaile.

Ach mar as trice bidh e air a chur gu feum ann an trì dòighean sònraichte, mar a leanas:

1 **coileanach** m.e. *coiseachd* *èirigh*
2 **rùnach** m.e. *a choiseachd* *a dh'èirigh*
3 **buan** m.e. *a' coiseachd* *ag èirigh*

Bheir sinn sùil mhionaideach a-nise air na trì dòighean seo.

7.9.1 Coileanach: *coiseachd èirigh*	An seo tha an gnìomh-ainmear na dhàrna gnìomh, a' coileanadh prìomh abairt na clàsa:

Bha an t-àm againn   *èirigh.*
Bidh agaibh ri   *coiseachd.*
Bu chaomh leotha   *èirigh.*
Bu chòir dhuinn   *coiseachd.*
Cha b' urrainn dhan bhodach *èirigh.*
Cha robh Spòg ag iarraidh   *coiseachd.*
Feumaidh tu   *èirigh.*
'S fheàrr do dh'Anna   *coiseachd.*
Dh'fheuch sinn ri   *èirigh.*
Chuir iad rompa   *coiseachd.*
Dh'iarr e orm   *èirigh.*
'S beag orra   *coiseachd.*

◆ San latha an-diugh, 's e **dhol** as tric a gheibhear airson *dol*, m.e.

  Feumaidh tu dhol ann!

◆ Tha a **thighinn** air fàs cumanta an àite *tighinn*, cuideachd:

  Am bu chaomh leat a thighinn?

◆ Nithear an coileanach àicheil le **gun** a chur ron ghnìomh-ainmear:

  Dh'iarr an dotair orm gun èirigh

7.9.2 Rùnach: *a choiseachd a dh'èirigh*	An seo, tha an gnìomh-ainmear a' coileanadh gnìomhair gus **rùn** a chur an cèill. Mar as trice 's e **RACH** an gnìomhair, ach bidh THIG, FALBH, TIUGAINN, CUIR GU, SGRIOBH GU is FONAIG GU cuideachd a' gabhail gnìomh-ainmear rùnach. Tha e sèimhichte (mas urrainnear), agus tha am mionfhacal **a** air a bheulaibh:

*Tha mi a' dol **a choiseachd**.*
*Thig iad **a thoirt** cuideachadh dhuinn feasgar.*
*Dh'fhalbh i **a reic** nam pàipearan.*

Ro fhuaimreag no *fh*+fuaimreag, 's e **a dh'** a tha air a bheulaibh:

> *Chuir mi litir thuca **a dh'iarraidh** catalog.*
> *Fònaig thuice **a dh'fhaighinn** a-mach*
> *a bheil Calum còmhla rithe.*

An seo tha an gnìomh-ainmear a' cur an cèill **prìomh ghnìomh** a' chlàsa, leis an ainmear BI. Roimhe tha am mionfhacal *ag* (ro fhuaimreag) no **a'** (ro chonsan):

> *Bhithinn **ag èirigh** uabhasach tràth sa mhadainn.*
> *Am bi na balaich **a' coiseachd** chun an dannsa?*
> *Carson a tha thu **a' gabhail** buntàta amh?*

Gheibh thu an gnìomh-ainmear buan às dèidh **a bhith** cuideachd:

> *Feumaidh tu a bhith **ag obair** mus fhaigh thu tuarastal.*
> *Tha mi gu bhith **a' siubhal** air feadh na dùthcha.*

7.9.3
Buan:
a' coiseachd
ag èirigh

> ➤ Tha an gnìomh-ainmear buan air a chleachdadh uairean às aonais BI *(tha, bha)* airson gnìomh a tha a' tachairt **aig an aon àm** ri gnìomh a' ghnìomhair, m.e.
>
> *Am faca tu an coineanach **a' leum** na feansa?*
> *Chuala mi ùpraid, 's mi **a' fàgail** na bùtha.*
> *Thòisich an cuilean **a' comhartaich**, ach*
> *lean i oirre **a' gàireachdainn**.*
>
> ➤ Ann an àiteannan cluinnear **ri** ron a' ghnìomh-ainmear bhuan an àite *a'*, agus **ri 'g** an àite *ag*, m.e.
>
> *Am bi sibh **ri coiseachd** chun an dannsa?*
> *Bidh a' chlann **ri 'g èirigh** uabhasach tràth sa mhadainn.*

7.10 GNÌOMH-AINMEAR AGUS CUSPAIR

Dè thachras ma tha **cuspair** aig a' ghnìomh-ainmear, 's e sin ainmear (no buidheann ainmearach) air a bheil an gnìomh ga dhèanamh, m.e.

gabhail ... dè rud? ... reòiteag
cur ... dè rud? ... currain
fosgladh ... dè rud? ... an doras

?

Tha sin a rèir dè seòrsa gnìomh-ainmear a tha ann: coileanach, rùnach no buan.

7.10.1 Coileanach

Bidh an cuspair a' tighinn **ron** a' ghnìomh-ainmear:

*A bheil sibh airson **reòiteag a ghabhail**?*
*Bu toigh leotha **currain a chur**.*
*Bu chòir dhuinn **an doras fhosgladh**.*

Chì thu cuideachd gu bheil an gnìomh-ainmear air a shèimheachadh mas urrainnear *(chur, fhosgladh)*, agus *a* air a chur roimhe. Chan fhaic thu *a*, ge-tà, ro fhuaimreag no *fh*+fuaimreag.

*Bu chòir dhuinn **an doras fhosgladh**.*
*A bheil thu ag iarraidh orm **seo òl**?*

Seo eisimpleirean eile:

*Feumaidh tu **do chòta fhàgail** an seo.*
*'S fheàrr dhi **an clàr a chumail**.*
*Cha b' urrainn dhomh **càil a chluinntinn**.*
*Feuch ris **a' chlach a thogail**.*
*Chuir iad rompa gun **aon fhacal a ràdh** mu dhèidhinn.*
*Dh'iarr e orm **lof a cheannach**.*
*'S beag orra **sabaid fhaicinn**.*

> Air beulaibh gnìomh-ainmeir, tha an t-ainmear an-còmhnaidh bunaiteach, ged a bhiodh roimhear ann roimhe:
>
> *Cha deach agam air **an t-aran** a cheannach.*
>
> Chan eil an roimhear agus an t-ainmear còmhla an seo *(air an aran)*: tha an roimhear *air* leis a' ghnìomhair, agus tha *an t-aran* a' buntainn don ghnìomh-ainmear *a cheannach*. Seo eisimpleir eile:
>
> *Feuch ris **a' chlach** a thogail.*

7.10.2 Rùnach

An seo bidh an cuspair a' tighinn às dèidh a' ghnìomh-ainmeir:

*Dh'fhalbh i a dh'fhosgladh **doras**.*

Ma tha an cuspair comharraichte (leis an alt), bidh thu ga chur san t-suidheachadh cheangailte:

*Dh'fhalbh i a dh'fhosgladh **an dorais**.*

7.10.3 Buan

A-rithist, tha an cuspair a' tighinn às dèidh a' ghnìomh-ainmeir, agus ma tha e comharraichte, bidh thu ga chur san t-suidheachadh cheangailte:

*Carson a tha thu ag ithe **na reòiteig** agam?*
*Bha iad a' cur **a' bhuntàta** sa ghàrradh.*
*B' fheàrr leam gun a bhith a' nighe **nan soithichean** leam fhìn.*

| 7.11 | **AN GNÌOMH-AINMEAR PEARSANTA** |

Dè thachras a-nise mas e **pearsa** air a bheil an gnìomh ga dhèanamh, m.e.

> *gabhail ...   dè rud?   ... i*
> *cur ...   dè rud?   ... iad*
> *fosgladh ...   dè rud?   ... e*

> **?**

Feumaidh tu an gnìomh-ainmear a dhèanamh pearsanta leis an alt phearsanta *(mo, do, etc)*, mar a leanas:

| 7.11.1 Coileanach | Tha thu a' cur an alt phearsanta (**mo, do** etc) ron a' ghnìomh-ainmear, m.e. |

> *Bha an t-àm againn **an cur**.*   (na currain)
> *Chan eil e ag iarraidh **a gabhail** an-dràsta.*   (an reòiteag)
> *Chan urrainn dhomh [a] **fhosgladh**.*   (an doras)

Seo eisimpleirean eile:

mi	*Dh'fheuch a' chlann ri **mo thogail**.*
thu	*Chan eil Màiri airson **d' fhaicinn** tuilleadh.*
e	*Dh'iarr Granaidh orm **a cheannach**.* (am pàipear)
i	*'S fheàrr dhan t-sutha **a chumail**.* (an sioraf)
sinn	*Feumaidh tu **ar fàgail** an seo.*
sibh	*Cha b' urrainn dhomh **ur cluinntinn**.*
iad	*Chuir mi romham gun **an toirt** air falbh.*
	(na bogsaichean)

Tha thu a' cur nam faclan pearsanta a leanas ron a' ghnìomh-ainmear:

7.11.2
Rùnach

mi	**gam / ga mo** §	sinn	**gar (n-)***
thu	**gad / ga do** §	sibh	**gur (n-)***
e	**ga** §	iad	**gan, gam**
i	**ga (h-)***		

§ sèimheachadh   * h- / n- ro fhuaimreag

Mar eisimpleir:

mi   An tig duine sam bith **gam fhaicinn**?
thu Bha Màiri a' dol **ga do phutadh** don uisge.
e   Chan eil mi a' dol **ga fhosgladh**. (am preusant)
i   Chaidh sinn uile **ga faicinn** san ospadal.
     (ar seanmhair)

A-rithist, tha thu a' cur nam faclan seilbheach **gam / gad** etc ron a' ghnìomh-ainmear.

7.11.3
Buan

Mar eisimpleir:

sinn Am bheil sibh **gar n-iarraidh** sa bhad?
sibh A chàirdean, bidh sinn **gur leigeil** a-staigh an-ceartuair.
iad   Bidh sinn **gan cumail** an seo.

CAIBIDEIL 7

7.12 NA TRÀTHAN FILLTE

Gu ruige seo, tha sinn air a bhith a' coimhead air tràthan sìmplidh, 's e sin tràthan far a bheil an gnìomhair na aon fhacal no na aon abairt aig toiseach a' chlàs (m.e. *tha, chuala, cha do dh'fhalbh, cuiridh,* etc). Ach tha seòrsa tràth eile far a bheil an gnìomhair ann an dà phìos: riochd den ghnìomhair *BI* aig toiseach a' chlàs, agus gnìomh-ainmear nas fhaide shìos a tha a' cur an cèill a' ghnìomh fhèin. Sin na tràthan fillte, agus faodaidh iad a bhith **buan** (maireachdainn) no **coileanta** (ullamh).

7.12.1 Buan: *Tha mi a' tighinn.*

Chunnaic sinn na tràthan buan mu thràth ann an earrannan 7.9.3, 7.10.3 agus 7.11.3 shuas. Tha an gnìomhair *BI* air a chleachdadh le gnìomh-ainmear buan:

> **Tha** mi ***a' tighinn***.
> **Bha** na balaich ***a' coiseachd*** chun an dannsa.
> **Bidh** sinn ***gan cumail*** an seo.

Tha na tràthan buan ag innse dè tha (no bha / bhios / bhiodh) an cùisear **ris**: tha an gnìomh nas buaine, nas fhaide na anns na tràthan sìmplidh. Dèan coimeas eadar na tràthan buan agus na tràthan sìmplidh anns na h-eisimpleirean a leanas:

	buan	sìmplidh
Làthaireach	*Tha sinn a' togail bothan ùr dhan a' chù.*	———————
Seachad	*Bha sinn a' togail bothan ùr dhan a' chù.*	*Thog sinn bothan ùr dhan a' chù.*
Teachdail/ Làthaireach-gnàthach.	*Bidh sinn a' togail bothan ùr dhan a' chù.*	*Togaidh sinn bothan ùr dhan a' chù.*
Seachad-gnàthach/ Cùmhnantach	*Bhiodh sinn a' togail bothan ùr dhan a' chù.*	*Thogadh sinn bothan ùr dhan a' chù.*

> Tha grunn ghnìomhairean a bhios a' cleachdadh **nam, nad,** etc, anns na tràthan buan an àite *a'/ag*, on tha iad a' cur an cèill staid a tha a' maireachdainn. Is iad:
>
> CAIDIL, LAIGH, RUITH, SEAS, SIN, STAD, SUIDH.
>
> Mar eisimpleir:
> *Bha mi nam chadal.*
> *Tha an cat na laighe sa chidsin.*
> *Dh'fhalbh iad nan ruith sìos an rathad.*
> *Cò an nighean tha na seasamh an sin?*
> *Bha an cù na shìneadh air beulaibh an teine.*
> *Bha na càraichean nan stad fad uair a thìde.*
> *Bha e na shuidhe air a' bhalla bheag.*
>
> Gheibhear *a' ruith*, ge-tà, a cheart cho tric ri *nam/nad ruith*.

Bidh *BI* cuideachd air a chleachdadh le **AIR + gnìomh-ainmear**, gus gnìomh **coileanta** a chur an cèill, 's e sin gnìomh a tha (no a bha / bhios / bhiodh) ullamh:

Làthaireach	*Am bheil iad **air tilleadh** fhathast?*
Seachad	*Cha robh fhiosam gun robh iad **air tighinn**.*
Seachad-gnàthach/Cùmhnantach	*Nam biodh iad **air fuireach** an seo!*
Teachdail/ Làthaireach-gnàthach	*Bidh iad **air seinn** mus ruig sinne.*

7.12.2
Coileanta:
Tha mi air tighinn.

Anns na seantansan sin, tha *air* a' ciallachadh **an dèidh**. Dh'fhaodadh sinn a ràdh:

*Am bheil iad **an dèidh tilleadh** fhathast?*
no *Cha robh fhiosam gun robh iad **an dèidh tighinn**.*

Ma tha cuspair aig a' ghnìomh-ainmear an dèidh *air*, bidh e a' leantail a' phàtrain choileanaich, 's e sin a' tighinn **ron** a' ghnìomh-ainmear:

*Am bheil i air **an leabhar agam a thilleadh** fhathast?*
*Bidh iad air **an t-òran a sheinn** mus ruig sinne.*
*Cà' bheil a' chèic? Am bheil thu air a **h-ithe**?*

7.13 AM MODH FULANGACH

Gu ruige seo, cha do choimhead sinn ach air gnìomhan a tha air an dèanamh leis a' chùisear. Mar eisimpleir:

| *Chunnaic Iain mi.* | 'S e Iain a chunnaic, Iain a rinn an gnìomh. |
| *Seinnidh an sioraf.* | 'S e an sioraf a tha a' dol a sheinn, 's e a nì an gnìomh. |

Tha na gnìomhairean sin sa mhodh **dhèanadach**, am modh anns a bheil an cùisear a' dèanamh a' ghnìomh. Tha a h-uile gnìomhair air an do choimhead sinn gu ruige seo anns a' mhodh dhèanadach.

Ach dè mu dhèidhinn gnìomh a chaidh a dhèanamh air Iain no air an t-sioraf, 's e sin air a' chùisear, le cuideigin eile? Tha modh sònraichte aig a' ghnìomhair gus seo a chur an cèill, am modh anns a bheil an cùisear a' fulang gnìomh. Smaoinich, mar eisimpleir, air an t-seantans:

Rugadh Caitlin bheag air latha na Nollaig.

Nise, ged as e Caitlin cùisear na seantans, chan e ise a rinn an gnìomh – chan ise a rug, ach a màthair. 'S e a màthair a rinn a breith, 's i a rinn an gnìomh, agus 's ann air Caitlin bheag a chaidh an gnìomh a dhèanamh, 's i a **dh'fhuiling** an gnìomh. Tha an gnìomhair *rugadh*, ma-thà, sa mhodh **fhulangach**.

Seall eisimpleir eile:

Thogadh Mogli sa choille.

'S e *Mogli* cùisear an t-seantans seo. Ach ged a thachair an gnìomh dha, chan e esan a rinn an gnìomh. Chaidh Mogli a thogail leis na h-ainmhidhean anns a' choille: 's e iadsan a rinn a thogail, iadsan a rinn an gnìomh, agus 's e Mogli a **dh'fhuiling** an gnìomh. A-rithist, ma-thà, tha an gnìomhair *thogadh* sa mhodh **fhulangach**.

AN GNÌOMH FULANGACH LE RACH — 7.14

'S e riochdan fulangach a tha ann an *rugadh* is *thogadh*, agus coimheadaidh sinn air na riochdan fulangach gu lèir ann an earrann 7.15. 'S e an dòigh as cumanta, ge-tà, gnìomh fulangach a chur an cèill, a bhith a' cleachdadh **gnìomh-ainmear** (sèimhichte) còmhla ris a' ghnìomhair **RACH**.

An àite *Thogadh Mogli sa choille*, mar eisimpleir, dh'fhaodadh sinn a ràdh:

> *Chaidh Mogli a thogail sa choille.*

Seo eisimpleirean eile:

> *Chaidh na laoidhean nàiseanta a sheinn ron a' ghèam.*
> *Rachadh a' chlann a chur dhan leabaidh aig a h-ochd.*
> *Thèid an taigh-tasgaidh fhosgladh a-màireach.*

Mothaich a-nise do na thachras ma bhios an gnìomh ga dhèanamh air **pearsa** (m.e. *thogadh mi*):

> *Chaidh **mo thogail** sa bhaile mhòr.*

Tha an gnìomh-ainmear air a dhèanamh pearsanta le alt pearsanta. Seo eisimpleirean eile:

> *An deach **do thoirt** dhachaigh?* (thu)
> *Chaidh **a cur** air falbh.* (i)
> *Cha deach **ar goirteachadh** idir.* (sinn)
> *Thèid **an òl** air fad.* (iad)

7.15 NA RIOCHDAN FULANGACH

Chunnaic sinn mu thràth *rugadh* is *thogadh*. 'S dòcha gur e iad sin na gnìomhairean fulangach as cumanta sa chànan, ach tha riochdan fulangach aig cha mhòr a h-uile gnìomhair airson gach tràth. Gheibh thu san earrainn seo am pàtran a tha na gnìomhairean riaghailteach agus neo-riaghailteach a' leantail gus na riochdan fulangach aca a chruthachadh. Cuimhnich, ge-tà, gur ann a-mhàin ann an suidheachaidhean foirmeil a thèid na riochdan seo a chleachdadh.

7.15.1 Gnìomhairean Riaghailteach

Seo am pàtran
(far a bheil [h] a' comharrachadh sèimheachadh):

	Bunaiteach	Dàimheach	Leasaichte
Seachad	f[h]reumh + **adh**	f[h]reumh + **adh**	**do** f[h]reumh + **adh**
Seachad-gnàthach / Cùmhnantach	f[h]reumh + **te** no f[h]reumh + **ist**	f[h]reumh + **te** no f[h]reumh + **ist**	freumh + **te** no freumh + **ist**
Teachdail / Làthaireach-gnàthach	freumh + **ar**	f[h]reumh + **ar**	freumh + **ar**

Seo a-nise eisimpleirean: ➤➤➤

	Bunaiteach	Dàimheach m.e. *carson a…*	Leasaichte m.e. *saoilidh mi gu/gun/gum …*
Seachad	**chuireadh** **sheinneadh** **dh'fhàgadh** **dh'òladh** **sgaoileadh**	**chuireadh** **sheinneadh** **dh'fhàgadh** **dh'òladh** **sgaoileadh**	**do chuireadh** **do sheinneadh** **do dh'fhàgadh** **do dh'òladh** **do sgaoileadh**
Seachad-gnàthach / Cùmhnantach	**chuirte** **sheinnte** **dh'fhàgte** **dh'òlte** **sgaoilte** no **chuirist** **sheinnist** **dh'fhàgaist** **dh'òlaist** **sgaoilist**	**chuirte** **sheinnte** **dh'fhàgte** **dh'òlte** **sgaoilte** no **chuirist** **sheinnist** **dh'fhàgaist** **dh'òlaist** **sgaoilist**	**cuirte** **seinnte** **fàgte** **òlte** **sgaoilte** no **cuirist** **seinnist** **fàgaist** **òlaist** **sgaoilist**
Teachdail / Làthaireach-gnàthach	**cuirear** **seinnear** **fàgar** **òlar** **sgaoilear**	**chuirear** **sheinnear** **dh'fhàgar** **dh'òlar** **sgaoilear**	**cuirear** **seinnear** **fàgar** **òlar** **sgaoilear**

7.15.2 Gnìomhairean Neo-Riaghailteach	Tha na gnìomhairean neo-riaghailteach a' cleachdadh na h-aon deiridhean is a tha na gnìomhairean riaghailteach *(-adh, -te/-ist, -ar)*. Seo na riochdan aig *DEAN*, mar eisimpleir:

	Bunaiteach	Dàimheach m.e. *carson a...*	Leasaichte m.e. *saoilidh mi gun...*
Seachad	**rinn**eadh	**rinn**eadh	**do rinn**eadh
Seachad-gnàthach / Cùmhnantach	**dhèan**te no **dhèan**aist	**dhèan**te no **dhèan**aist	**dèan**te no **dèan**aist
Teachdail / Làthaireach-gnàthach	**ni**thear	**ni**thear	**dèan**ar

Ach tha riochdan sònraichte aig **FAIC** agus **CLUINN** san tràth sheachad:

FAIC	**chunnacas**	Chunnacas e a' teicheadh bhon a' pholas.
	facas	Chan fhacas riamh rud cho neònach.
CLUINN	**chualas**	Chualas othail mhòr shuas an staidhre.
	cualas	Càit an cualas na taibhsean?

DOIGHEAN EILE AIR GNÌOMH FULANGACH A CHUR AN CÈILL

7.16

A bharrachd air an fhulangach le *RACH*, agus na riochdan fulangach foirmeil, seo dòighean eile gus modhan fulangach àraid a chur an cèill.

Tha **air + alt pearsanta + gnìomh-ainmear**, mar as trice leis a' ghnìomhair *BI*, a' cur an cèill staid fhulangach, far a bheil an gnìomh coileanta, dèanta, m.e.

> Tha an litir air **a sgrìobhadh** a-nise.   =   sgrìobhte.
> Bidh na dorsan **air an dùnadh**.   =   dùinte.
> Bha mi **air mo leòn**.   =   leòinte.

Mar a chì thu sna trì eisimpleirean seo, le cuid de ghnìomhairean faodaidh tu buadhair fulangach a chleachdadh na àite (faic Earrann 3.5).

7.16.1
fulangach coileanta:
tha mi air mo thoirt air falbh

Tha **ga + alt pearsanta + gnìomh-ainmear**, leis a' ghnìomhair *BI*, a' cur an cèill gnìomh fulangach buan, a tha air a dhèanamh rè ùine, fhad 's a tha rud eile a' dol, m.e.

> Tha an dìnnear ga dèanamh.
> =   Tha cuideigin ga dèanamh an-dràsta fhèin.
>
> An robh an taigh ga pheantadh?
> =   An robh duine ga pheantadh aig an àm?
>
> Bha sinn gar sàrachadh.
> =   Bha rud no duine gar sàrachadh rè ùine.

7.16.2
fulangach buan:
tha mi ga mo thoirt air falbh

7.16.3 fulangach comasach: *gabhaidh seo toirt air falbh*	Tha **GABH + gnìomh-ainmear** a' cur an cèill gnìomh **as urrainn** a dhèanamh air rud, m.e. *An gabh seo **ithe**?* = *An urrainn do dhuine seo ithe?* *Cha ghabhadh an càr **cur air dòigh**.* = *Cha b' urrainn do dhuine a chur air dòigh.* Faodaidh an gnìomh-ainmear a bhith pearsanta, m.e. *An gabh na duilleagan seo **an ithe**?* *Cha ghabhadh a' chas **a cur** air dòigh.*
7.16.4 fulangach dùileach: *Tha seo ri thoirt air falbh*	Tha **ri + alt pearsanta+ gnìomh-ainmear** *(ri mo thoirt, ri do thoirt, etc)*, mar as trice leis a' ghnìomhair *BI*, a' cur an cèill gnìomh a tha dùil a bhith air a dhèanamh, no a bu chòir a dhèanamh: *Bheil càil ann ri ithe?* = *Bheil càil a dh'fhaodadh (mi) ithe?* *Tha sibh ri ur moladh airson na rinn sibh.* = *Bu chòir ur moladh…* *Tha iad ri am faicinn air an teilidh.* = *Tha cothrom ann am faicinn…*

> Thoir an aire gum bi an t-alt pearsanta agus an cùisear an-còmhnaidh ag aontachadh le chèile anns an fhulangach:
>
> *Bha **mi** air **mo** leòn.*
> *Tha **an dìnnear ga** dèanamh.*
> *Tha **sibh** ri **ur** moladh airson na rinn sibh.*

NA RIOCHDAN NEO-PHEARSANTA | 7.17

Ged nach eil modh fulangach aig a' ghnìomhair *BI*, tha riochdan **neo-phearsanta** aige, 's e sin riochdan far nach eil an cùisear air ainmeachadh, m.e.:

Thathar a' ràdh gu bheil gèile a' tighinn.

Seo na riochdan neo-phearsanta uile:

	Bunaiteach	Dàimheach m.e. *carson a ...*	Leasaichte m.e. *saoilidh mi gun/gum ...*
Làthaireach	**thathar** no **thathas**	**thathar** no **thathas**	**(bh)eilear**
Seachad	**bhathar** no **bhathas**	**bhathar** no **bhathas**	**robhar**
Seachad-gnàthach / Cùmhnantach	**bhithte** no **bhithist**	**bhithte** no **bhithist**	**bithte** no **bithist**
Teachdail / Làth.-gnàthach	**bithear**	**bhithear**	**bithear**

Tha cumaidhean neo-phearsanta aig *FEUM* agus *FAOD* cuideachd:

Seachad-gnàthach / Cùmhnantach	**dh'fheumte** **dh'fhaoite** no **dh'fheumaist** **dh'fhaodaist**	**dh'fheumte** **dh'fhaoite** no **dh'fheumaist** **dh'fhaodaist**	**feumte** **faoite** no **feumaist** **faodaist**
Teachdail / Làth.-gnàthach	**feumar** **faodar**	**dh'fheumar** **dh'fhaodar**	**feumar** **faodar**

CAIBIDEIL 7

7.17
(a' leantainn)

Agus tha riochd neo-phearsanta cuideachd aig *is urrainn*: ***is urrainnear***.

Seo eisimpleirean eile:

> *Chuala mi gun **robhar** a' dannsa fad na h-oidhche.*
> ***Bhithist** aig muir fad sheachdainean.*
> ***Feumar** pàigheadh an toiseach mas **urrainnear**.*

Chan eil na riochdan neo-phearsanta uabhasach cumanta ann an còmhradh - gu math tric canaidh daoine rud mar:

> ***Tha iad** a' ràdh gu bheil gèile a' tighinn.*
> *Chuala mi gun **robh iad** a' dannsa fad na h-oidhche.*
> ***Bhiodh iad** aig muir fad sheachdainean.*

Ach cleachdar na riochdan neo-phearsanta glè thric air sanasan oifigeil, anns na naidheachdan no ann an searmonan is òraidean:

> *"**Thathas** a' sireadh luchd-obrach."*
> *"Chan **fhaodar** smocadh."*

ORDUIGHEAN

Bhruidhinn sinn mu thràth air freumh a' ghnìomhair (Earrann 7.5), 's chunnaic sinn gur e seo an riochd a bhios air a chleachdadh gus òrdugh a thoirt seachad:

Bi sàmhach.   **Thig** a-staigh..   **Fàg** an seo e.

Sin òrduighean do aon duine a-mhàin.

➤ Airson òrdugh a thoirt do **bharrachd air aon duine**, feumaidh tu –(a)**ibh** a chur ris an fhreumh (–thibh ri BI):

Bithibh sàmhach.   **Thigibh** a-staigh.   **Fàgaibh** an seo e.

➤ Airson òrdugh a thoirt don a h-uile duine **agus thu fhèin nam measg**, cuiridh tu -(e)**amaid** ris an fhreumh (–theamaid ri BI):

Bitheamaid sàmhach.
   Thigeamaid a-staigh.
      Fàgamaid an seo e.

'S e seòrsa de chuireadh a tha seo, a chluinnear tric anns an eaglais:

   Dèanamaid ùrnaigh.
      Thoireamaid buidheachas don Tighearna.

Gus òrdugh a thoirt **gun** a bhith ri rud, feumar **na** ron a' ghnìomhair:

Na bi sàmhach.   **Na** tigibh a-staigh.   **Na** fàgamaid an seo e.

7.19 AN GNÌOMHAIR IS / BU

Tha gnìomhair ann an Gàidhlig a tha gu seachd sònraichte cudromach, 's gun e coltach ri gnìomhair sam bith eile sa chànan. 'S e sin **IS/BU**. Chan eil aige ach dà riochd:

làthaireach	*is*
seachad / cùmhnantach	*bu*

Gu math tric, gu h-àraidh às dèidh fuaimreag, bidh **is** a' dol gu **'s**. Cha bhi *is/bu* ag atharrachadh a rèir suidheachadh, ach a-mhàin gum bi *is* a' dol gu tur à sealladh san leasaichte. Mar eisimpleir:

Bunaiteach	Dàimheach	Leasaichte
Is toigh leam e.	*Dè 's toigh leat?*	*Nach toigh leat e?*
'S e mise a fhuair e.	*Carson a 's e thusa fhuair e?*	*Chan e thusa fhuair e, an e?*
Bu toigh leis e.	*Cuin a bu toigh leat e?*	*Am bu toigh leat seo?*

Tha *IS/BU* air a chleachdadh ann an trì dòighean:

- ➤ a' cur **cudrom** air faclan
- ➤ ag innse **dè tha ann an duine no rud**
- ➤ le ainmear no buadhair airson **ciall àraid**

Bheir sinn sùil air gach dòigh mu seach.

Gus cudrom a chur air facal, abairt no clàs, cuir gu toiseach an t–seantans e còmhla ri **is**, mar a leanas:

		7.19.1 A' cur cudrom

a) ainmear: **'s e** (no **'s i** sa bhoireanta)

   'S e **an cuilean dubh** a tha mi ag iarraidh, chan e am fear donn.

   'S e (no 'S i) **Lisa** a thug dhomh e.

b) riochdair pearsanta no sònrachaidh: **is** no **'s e**

   Is **tusa** a tha mi ag iarraidh, chan e esan.
   'S e **ise** a dh'innis dhomh.
   'S e **sin** a tha mi a' ràdh.

c) rud sam bith eile: **'s ann**

   co-ghnìomhair
   'S ann **an-diugh fhèin** a fhuair mi e, chan ann an-dè.

   riochdair roimhearach
   'S ann **dhutsa** a tha am parsail.

   fo-chlàs
   'S ann **nuair a bha mi a' fàgail na sgoile** a chunnaic mi iad.

's ann a

Tha **'s ann a** air a chleachdadh gus cudrom a chur air seantans no clàs, an taca ri seantans no clàs eile (ann an iomsgaradh):

   Bha dùil agam a dhol a-mach an-raoir,
   ach **'s ann a** dh'fhuirich mi a-staigh.

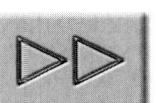

7.19.2 Ag innse dè tha ann an duine no rud

Chan eil IS/BU coltach ri gnìomhair sam bith eile. 'S e gnìomhair fìor shònraichte a tha ann, a tha air a chleachdadh gu h-àraidh airson innse dè tha ann an duine no rud.

Tha dà sheòrsa gleus, no dòigh-labhairt, ann airson seo a dhèanamh. Cuimhnich air an diofar eadar ainmear **comharraichte** agus **neo-chomharraichte**:

comharraichte	**neo-chomharraichte**
an dotair	dotair
na dotairean	dotairean
mo dhotair	

Nise, faodaidh sinn abairtean **comharraichte** no **neo-chomharraichte** a dhèanamh air dè tha ann an duine no rud, m.e.

---

comharraichte	**neo-chomharraichte**
Catrìona = an dotair	Catrìona = dotair
'S e Catrìona an dotair agam.	'S e dotair a tha ann an Catrìona.
Jurassic Park = am film	Jurassic Park = film
'S e Jurassic Park am film as fheàrr leam.	'S e film air leth a tha ann an Jurassic Park.
sin = an t-uaireadair	sin = uaireadair
'S e sin an t-uaireadair a bha mi ag iarraidh.	'S e uaireadair snog a tha (ann an) sin.

Chì thu bho na seantansan seo shuas gur e an dòigh air abairt comharraichte a dhèanamh:

'S e [rud 1] [rud 2].

ach airson abairt neo-chomharraichte feumaidh tu **tha** *(bha, etc)* agus **ann an** a chleachdadh:

'S e [rud 2] **a tha ann an** [rud 1].

Seo eisimpleirean **neo-chomharraichte** eile:

an leabhar seo = preusant	'S e preusant **a tha san leabhar seo**.
New York = baile mòr	'S e baile mòr **a tha ann an New York**.
an t-Sìneis = cànan doirbh	'S e cànan doirbh **a tha san t-Sìneis**.
i = deagh nurs	'S e deagh nurs **a tha innte**.
e = tidsear math	'S e tidsear math **a tha ann**.
iad = beathaichean beaga	'S e beathaichean beaga **a tha annta**.
sinn = sgioba ball-coise	'S e sgioba ball-coise **a tha annainn**.

Ma nì sinn **comharraichte** iad, chì thu nach eil feum air *tha* no *ann an* idir:

an leabhar seo = am preusant	'S e an leabhar seo am preusant as fheàrr a fhuair mi.
New York = mo bhaile	'S e New York mo bhaile-sa.
an t-Sìneis = an cànan	An e an t-Sìneis an cànan as doirbhe san t-saoghal?
i = an deagh nurs	Nach i an deagh nurs!
e = an tidsear math	Is esan an tidsear math air an robh mi a' bruidhinn.
iad = na beathaichean beaga	Is iad sin na beathaichean beaga a bha san dealbh.
sinn = an sgioba ball-coise	Is sinne an sgioba ball-coise as òige.

> Nuair a tha **IS** a' dol le riochdair *(mi/mise, thu/thusa,* etc), bidh daoine tric ga chur gu **'s e**:
>
> 'S e mise a tha ann! = Is mise a tha ann!
> 'S e esan a rinn e! = Is esan a rinn e!

CAIBIDEIL 7

7.19.3
Ciall àraid le ainmear no buadhair

Gheibhear *IS/BU* gu tric ann an gnàthasan-cainnt àraid, còmhla ri ainmearan is buadhairean. Bidh cuid dhiubh a' feumachdainn roimhear. Seo an fheadhainn as cumanta:

a) le roimhear (m.e. *le, do, air*)

Is toigh leam an ceòl seo.
Is caomh leis an còmhlan sin.
Is urrainn dhomh snàmh fon uisge.
Is aithne dhomh a h-athair glè mhath.
Is fheàrr dhuinn falbh a-nise.
Is fheàrr leamsa cofaidh, tapadh leat.
Is lugha orm tì gun bhainne.
Bu chòir dhi innse dha mu dhèidhinn.
B' àbhaist dhuinn fuireach faisg air a' mhuir.

b) gun roimhear

Is beag an t-iongnadh!
Cha mhòr nach do thuit e far a stùil.
Is dòcha gu bheil thu ceart.
Is gann a chreidinn e.
Is iongantach gum faigh thu aig an taigh i feadh an latha.
Is math a rinn thu!
Bu mhòr am beud!

➤ An dèidh *IS no BU* no riochd sam bith dhiubh seo, bidh *thu/thusa* a' dol gu *tu/tusa*:

Is *tusa* a chuala mi an toiseach.
Nach *tu* an laochan!
Tha mi 'n dòchas gur *tusa* a gheibh am bàlla.

➤ Le *IS* ('s e sin san làthaireach), bidh *gun* gu tric a' dol gu *gur*, no *gur h-* ro fhuaimreag, m.e.

Chan eil mi a' smaoineachadh *gur* toigh leis am biadh seo.
Tha mi cinnteach *gur h-e* a chunnaic mi.

DE THA ANN AN DUINE NO RUD (dòigh eile): *tha mi nam...* — 7.20

Tha dòigh eile gus innse dè tha ann an duine no rud, ma tha e neo-chomharraichte. Seall seo:

Catrìona = **dotair**   *Tha Catrìona **na dotair**.*

Jurassic Park = **film**   *Tha Jurassic Park **na fhilm** air leth.*

Tha an dòigh seo nas freagarraiche airson rud a chur an cèill nach eil ro bhuan. Anns na h-eisimpleirean shuas, tha e gu h-àraidh freagarrach air son a' chiad tè: Catrìona = dotair. 'S e obair a tha seo, rud nach eil agad fad do bheatha. Is dòcha an ceann bhliadhnaichean gum faigh Catrìona obair eile, 's gun can sinn *Tha i na tidsear*.

Seo eisimpleirean eile den dòigh abairt seo:

- *Bha e na athair dhomh.*
  Chan e m' athair a bha ann dha-rìribh,
  ach bha e cheart cho math ri athair.

- *Tha mi na mo thìgear.*
  Chan e tìgear a tha annam idir, ach tha mi air mo sgeadachadh mar thìgear, no tha mi a' cluich tìgear.

- *Bha mi nam amadan an-dè.*
  Chan e amadan a tha annam an-còmhnaidh,
  ach an-dè rinn mi rud amaideach.

7.21 CEISTEAN

7.21.1 AN? is NACH?

'S e am prìomh fhacal ceisteach **an?** (**a** le *bheil*), no **nach?** na riochd àicheil. Tha na mion fhaclan seo a' leasachadh a' ghnìomhair, ga atharrachadh:

Làthaireach	*tha*	A **bheil** thu sgìth?
Seachad	*bha*	An **robh** thu toilichte?
	chuir	An **do chuir** thu thuice an litir?
	chaidh	An **deach** thu chun a' ghèam?
Seach.-gnàthach / Cùmhnantach	*bhiodh*	Nach **biodh** tu deònach fuireach latha eile?
	chuireadh	An **cuireadh** tu am buntàta leat fhèin?
	dheigheadh	Nach **deigheadh** tu dhan eaglais gach seachdain?
Teachdail / Làth.-gnàthach	*bidh*	Nach **bi** thu a-staigh a-nochd?
	cuiridh	Nach **cuir** thu air an telebhisean?
	thèid	Nach **tèid** thu còmhla rium?

> ➤ Gu math tric san tràth sheachad bidh *an do* a' dol gu ***na***, m.e.
>
>   ***Na*** *chuir thu thuice an litir?*
>
> ➤ Ann an cuid de dh'àitichean cluinnear dòigh eile air a' cheist àicheil, 's e sin **a(n)** le **idir**:
>
>   *A bheil thu a' dol chun a' bhall-coise idir?*
>   airson *Nach eil thu a' dol chun a' bhall-coise?*

'S e an gnìomhair fhèin a tha na fhreagairt do *an?* no *nach?*, na riochd bunaiteach airson aontachadh, no na riochd leasaichte airson àicheadh:

7.21.2 Freagairtean

Am bheil thu sgìth?	**Tha**	**Chan eil**
Nach robh thu toilichte?	**Bha**	**Cha robh**
An do chuir thu thuice an litir?	**Chuir**	**Cha do chuir**
Nach deach thu chun a' ghèam?	**Chaidh**	**Cha deach(aidh)**
Nach bitheadh tu deònach fuireach latha eile?	**Bhitheadh**	**Cha bhitheadh**
An cuireadh tu am buntàta leat fhèin?	**Chuireadh**	**Cha chuireadh**
Nach deigheadh tu dhan eaglais gach latha?	**Dheigheadh**	**Cha deigheadh**
Am bi thu a-staigh a-nochd?	**Bithidh**	**Cha bhi**
Nach cuir thu air an telebhisean?	**Cuiridh**	**Cha chuir**
An tèid thu còmhla rium?	**Thèid**	**Cha tèid**

Leis a' ghnìomhair *IS/BU*, tha feum air an fhacal a tha a' dol leis (ainmear, riochdair no buadhair), gus freagairt ciallach a thoirt seachad:

Nach e seo an clàr a bha thu ag iarraidh?	**'S e**	**Chan e**
An ann Di-luain a thachair e?	**'S ann**	**Chan ann**
Nach toigh leat semolina?	**'S toigh l'**	**Cha toigh l'** *
Am bu chaomh le Anna seo?	**Bu chaomh l'**	**Cha bu chaomh l'**
An aithne dhut an comaig seo?	**'S aithne**	**Chan aithne**
Nach b' urrainn dhut fhosgladh?	**B' urrainn**	**Cha b' urrainn**
An tusa rinn e?	**'S mì**	**Cha mhì**

* Chì thu an sgrìobhadh *toil* airson *toigh l'* cuideachd.

7.21.3 Faclan ceisteach eile

Is iad na faclan ceisteach eile:

Cò? **Dè?** **Ciamar?** (no **Cionnas?**)

Carson? **Cuin(e)?** **Càit(e)?**

Cha bhi gin dhiubh seo ach *càite* a' leasachadh a' ghnìomhair:

*Ciamar a **tha** fios agadsa?*
*Cuin a **bha** iad anns a' Ghearmailt?*
ach *Càite an **robh** sibhse?*

Anns an teachdail, gabhaidh iad uile (ach *càite*) an riochd dàimheach:

*Dè **chuireas** mi air uachdar na cèice?*
*Ciamar a **dh'aithnicheas** mi do chù-sa?*

Tha *cò* air a chleachdadh ann an ceistean eile far nach bi e daonnan a' comharrachadh duine, m.e.

Cò aige? Cò as? Cò bhuaithe? Cò dhà? Cò leis? Cò ris?

*Cò dhà a **bha** am preusant?*
*Cò às a **tha** thu?*
*Cò ris a **bhios** tu ag èisteachd?*

Anns na ceistean seo faodaidh an gnìomhair a bhith leasaichte, m.e.

*Cò dhà an **robh** am preusant?*
*Cò às a **bheil** thu?*
*Cò ris am **bi** thu ag èisteachd?*

Agus tha ceistean eile ann le *dè*, m.e.

Dè 'n aois? Dè 'n fhaid? Dè 'n cuideam? Dè 'n dath?
Dè seòrsa? Dè cho …? Dè 'n uimhir? Dè na?

Cha bhi gin dhe na ceistean le *dè* a' leasachadh a' ghnìomhair. Gabhaidh iad uile an riochd dàimheach san teachdail/ làthaireach-ghnàthach:

*Dè na **tha** na trealaichean seo uile, ma-thà – còrr is £10?*
*Dè cho tric 's a **bhios** tu a' sgitheadh?*
*Dè 'n cuideam a **tha** ann an ailbhean òg?*
*Dè seòrsa biadh a **ghabhas** iasg?*

> Ma bhios a' cheist **àicheil** tha feum air **nach** ron a' ghnìomhair. Tha an gnìomhair àicheil an-còmhnaidh leasaichte:
>
> *Cò ris **nach bi** thu ag èisteachd?*
> *Dè an dath **nach do chuir** mi air a' chèic fhathast?*

Tha na h-eisimplirean shuas uile nan ceistean dìreach, 's e sin tha gach seantans na ceist.

7.21.4 Ceistean Neo-dhìreach

A bheil thu sgìth?
An do chuir e thuice an litir?
Dè cho tric 's a bhios tu a' sgitheadh?

Ach gu math tric cha bhi ceistean air an cur a-muigh 's a-mach, ach bi iad nan ceistean neo-dhìreach, taobh a-staigh sheantansan:

Tha mi a' faighneachd a bheil thu sgìth.
Chan eil fhiosam an do chuir e thuice an litir.
Innis dhomh dè cho tric 's a bhios tu a' sgitheadh.

Mar a chì thu, chan eil feum an uair sin air comharra-ceiste ann.